品成

阅读经典 品味成长

孤独社会

即将到来的第五消费时代

［日］三浦展 著

谢文博 译

人民邮电出版社

北京

图书在版编目（CIP）数据

孤独社会：即将到来的第五消费时代／（日）三浦展著；谢文博译. -- 北京：人民邮电出版社，2023.4

ISBN 978-7-115-61307-3

Ⅰ.①孤… Ⅱ.①三… ②谢… Ⅲ.①消费经济学—研究—日本 Ⅳ.①F131.347

中国国家版本馆CIP数据核字(2023)第040655号

- ◆ 著　　　［日］三浦展
  译　　　谢文博
  责任编辑　郑　婷
  责任印制　陈　犇
- ◆ 人民邮电出版社出版发行　　北京市丰台区成寿寺路 11 号
  邮编 100164　　电子邮件 315@ptpress.com.cn
  网址 https://www.ptpress.com.cn
  三河市中晟雅豪印务有限公司印刷
- ◆ 开本：880×1230　1/32
  印张：9.625　　　　　　　　2023 年 4 月第 1 版
  字数：186 千字　　　　　　 2025 年 3 月河北第 16 次印刷
  著作权合同登记号　图字：01-2022-5320 号

定价：59.80 元

读者服务热线：（010）81055671　印装质量热线：（010）81055316
反盗版热线：（010）81055315

赞誉

这是一个受到 AI、元宇宙、虚拟化冲击的时代，也是一个人人孤独的时代。曾经精准预测第四消费时代的日本著名学者三浦展认为第五消费时代即将到来。世界或许早已不是我们原来认识的样子，虽然我们无法确定未来，但却可以"监测"那些正在发生的消费趋势。

——润米咨询创始人、"刘润·5分钟商学院"课程主理人

刘 润

未来数年，商业的严峻考验依然存在，我们仍然面临着巨大的不确定性。每一个有胆识的企业家和创业者，不仅要活在当下，更要抓住长期因素。当我们对方向有了大致正确的判断，就可以有大致正确的行动。三浦展提出日本社会即将迎来第五消费时代，老龄化加剧，人们的孤独感加剧，这让我们看到照料市场、情感经济的商机。因此，我推荐这本书给大家，了解趋势，跟着趋势走，事半功倍。

——笔记侠创始人 柯 洲

三浦展先生年轻时就在消费杂志工作，后来成立了文化分析研究所，通过田野调查、数据分析，总结过去一百多年日本消费者的行为习惯变迁。他在《第四消费时代》中准确客观地呈现了日本消费者的四个消费阶段演变，给了我们很多启发；这本《孤独社会》进一步发现了人们开始孤独，什么样的人更孤独，下一个消费时代的特征是什么样的，相信也同样会给我们带来启示。

——有赞科技创始人、CEO　白　鸦

距离三浦展的著作《第四消费时代》在国内出版已经过去将近十年。过去十年间，国内消费市场经历了与日本社会发展轨迹相似的演变，加上人群、技术的变化以及平台、资本等外部力量的推动，演变过程呈现出的丰富性更大，造就的机遇也更令人兴奋。作为一家从大消费赛道切入的产业社群创投平台，"参加CANPLUS"经历了消费创投赛道的潮起潮落，见证了诸多本土消费品牌的成长，也陪伴了一批优秀的消费创业者。

2019 年我们曾带校友到日本游学，面对面聆听三浦展对日本消费社会变迁的分析。而过去三年，三浦展也有了更多的观察与思考。在新书中，三浦展对消费现状和未来发展做出了深刻而有前瞻性的总结。他认为，这个时代是一个"永远的孤独社会"，人与人之间的链接变得尤为重要。而在未来的第五消费时代，人们将从真实、共享的链接以及元宇宙的链接中各取所需，选择适合自己的生活方式。更早地看到未来，才能更好地经营现在。推荐这本书给坚守消费赛道的创新创业者们。

    ——首钢基金执行董事、参加 CANPLUS 创办人 李青阳

  本书对近年来的日本社会日趋"孤独化"进行了深入剖析，并预测在年轻人低社交、人口下降、超级老龄化等趋势下，"再人格化、再生活化"会是可能的发展方向。随着 AI、元宇宙等快速且规模化地发展，新消费时代即将到来，更小规模、本地化、区域化的商业模式会逐渐被大众接受和重视，可持续的生活方式才是最终追求。我们期待本书对第五消费时代的预测能够给予未来中国商业和生活全新的预见和洞察。

    ——弘章投资创始合伙人 翁怡诺

译者序

作为在中日两国都具有影响力的消费社会研究者，三浦展在2012年写就《第四消费时代》一书，对日本过去100年的消费历史做了细致的梳理，并将100年划分为了4个阶段。《第四消费时代》在中国的消费行业也引发了巨大的反响。从2017年开始，一直到新冠病毒感染疫情发生前，从上海交通大学全球CEO研修计划到正和岛、从京东到安踏，我带领了众多中国消费行业学者和头部企业的决策者前往日本，与三浦展探讨消费社会的未来画像。三浦展在他的日文版序言中提到他曾三十多次给来自中国的游学访问团做演讲。对于这个数字，我认为三浦展可能是保守了，在我的记忆中，应该远远超过这个次数。因为仅在2019年，我和三浦展几乎每周都会在他给中国企业家的演讲会上见面。

11年之后的2023年，三浦展的新书《孤独社会：即将到来的第五消费时代》可谓来得正是时候。

2023年，在经历了新冠病毒感染疫情后，全球经济面临巨大的挑战和不确定性。2023年，虽然全球疫情逐渐稳定，但这并不能与经济复苏直接画等号。如何应对接下来的挑战？大家都没有足够的经验。

从 2023 年开始，中国企业还将面临一个新的长期课题：人口老龄化与人口负增长。2023 年 1 月国家统计局发布的数据显示，2022 年中国 60 岁及以上人口为 28 004 万人，占总人口 19.8%，其中 65 岁及以上人口为 20 978 万人，占总人口 14.9%，中国的老龄化程度进一步加深。2022 年末中国人口为 141 175 万人，比上年末减少了 85 万人。

在消费领域，上述因素都将对每一个消费者的消费行为产生深刻且长久的影响。而人口因素对日本消费的影响已经持续了近30 年。1992 年日本泡沫经济破灭，开始了所谓的"失去的三十年"。1994 年，日本 65 岁以上人口占比达到 14%，宣告日本正式进入老龄化社会。

除此之外，在新冠病毒感染疫情的影响下，日本的消费社会将有怎样新的趋势与变化？对此，三浦展再次进行了大胆的预测，并将 2023 年归入第五消费时代——第五消费时代提前到来。

对于第五消费时代的特征，三浦展总结为 5 个"S"：慢速的（slow）、小规模的（small）、软性的（soft）、社交的（sociable）、可持续的（sustainable）。第五消费时代的核心关键词，则是书名中的"孤独"。

其实在第四消费时代中，"一人经济"或"单身经济"的概念就已经被多次提及，可以说日本便利店的鲜食、一兰拉面这些商品或消费业态，都是日本"一人经济"的产物。现在国内各消费企业也对此投入了巨大关注。可以说，中国的"一人经济""单身经济"目前正处于早期的蓬勃发展阶段。

对于第五消费时代，三浦展认为"一人经济"会进一步深化为"孤独经济"。我对此的解读是："一人经济"可能是消费者的主动选择，而"孤独经济"则是在少子高龄化趋势下消费者被迫接受的现实。对于企业来说，"一人经济"下也许我们更关注消费者的功能价值诉求；但在"孤独经济"中，企业必须更加关注消费者的情绪价值诉求。谁能帮助消费者更好地应对"孤独"，谁就更有可能在第五消费时代获得成功。

其实对于第五消费时代，与其说三浦展给出了他的预测，不如认为他想通过本书给读者一个开放性的假说，和读者一起绘制第五消费时代的画像。

在过去十几年带领中国企业家们赴日游学的过程中，许多企业家都希望我能翻译一些日本的经济管理类图书。虽然我前前后后也参与了多本著作的翻译工作，但一直没有足够的时间独自完成一本著作的翻译。2022年，终于有了充足的时间，在当时"孤独"的环境中完成了这本讲述"孤独经济"的著作的翻译。这本书对于我自己来说，也是对一段特殊时期的最好纪念。

对于三浦展的这本新书《孤独社会：即将到来的第五消费时

代》，除了在文字翻译上尽量做到"信达雅"外，我也将过去五六年与三浦展共同工作，对他的性格、个性的理解尽量融入了文字之中。此外，三浦展认为"消费"首先是一种社会现象，因此在他对日本消费社会分析的过程中，不可避免地涉及大量日本社会特有的现象、人物以及事物。为了帮助中国读者更好地理解本书，我补充了译者注释，希望可以帮助读者们通过本书更好地思考中国消费的未来。

这本书的翻译以及中文版的出版，缘起于 2022 年 5 月有赞创始人白鸦邀请三浦展进行线上演讲，我要向白鸦表示感谢。此外，我还要感谢人民邮电出版社编辑袁璐和郑婷邀请我翻译本书，感谢我的合伙人乐明老师在翻译本书过程中对我的帮助和支持。最后，还必须感谢过去十几年来支持、信任我的众多中国企业家。

谢文博

2023 年 2 月 5 日于北京

前言
对第五消费时代的预测

2012 年，我出版了《第四消费时代》一书，获得了热烈的反响。尤其是对现在 33 ~ 48 岁的人来说，这本书引发了他们的强烈共鸣。时常有人告诉我说，他们在学生时代就读过这本书，最近又翻出来重新读了一遍。作为作者，我感到十分荣幸。

《第四消费时代》不仅是一部理论研究著作，还推动了许多年轻人向新时代迈出新的一步，或是加速了许多年轻人原本准备采取的行动。我通过采访一些人、分析他们行为的背景，写成了这本书，而这本书出版后又给他们周遭带去了新的影响，从而进一步推动和扩大了这些人的行动，形成闭环。

《第四消费时代》的主要内容是"从私有到共享"的演变过程。在写这本书之前的 2011 年，我还写了《聊聊今后日本的共享》一书。

2010 年，我与日本建筑家隈研吾①先生对谈，写了《三低主义》一书。所谓"三低"，是指今后我们在不断降低消费、生活、建筑的成本、环境负担及价格的同时过上丰富多彩的生活，这才是价值所在。在这几本书中，我反复指出了共享和租用都将变得越发重要。

隈研吾在 2002 年时也曾以"共享"（Share）为主题举办过座谈会。我在协助博报堂②研究开发局做研究工作时，也曾以下一个时代的消费为主题，提出"去私有"的主张，强调比起私有，租用、共享、社区化在今后将得到更多的重视。我预测这样的时代即将来临。同时，我在京都对私家车共享实验进行了采访调研。隈研吾作为建筑家，对建筑私有化这一现象提出了批判，他也参与了共享住宅的设计工作。正因如此，我认为隈研吾能理解我提出的"非公非私"的共享概念。

在那之后，共享、租用、社区、生态等概念越发受到重视，日本的旧房翻新行业也前所未有地繁荣起来，把商业街的空店铺或住宅区的空房打造成区域活动场所的人也越来越多。

我对这些真实的案例进行了长达数年的采访研究，同时也出版了数本相关著作。有的人花 100 万日元（约 52 000 元人民币）③

---

① 隈研吾：日本著名建筑师，设计了中国长城脚下的公社·竹屋、北京三里屯 SOHO 等作品，其设计理念是"让建筑消失"。

② 博报堂：成立于 1895 年，是全球十大整合营销与创新公司。

③ 日元对人民币汇率取 1∶0.052。

在老龄化严重的东京郊区买一套无人居住的空房，自己进行翻新重装；有人带着婴儿和其他人共同居住在7人共享住宅；有人开办了会员制的社区厨房；等等。我在本书中介绍了这些不受金钱束缚、不断实践着与他人链接的人过着怎样的一种生活（请参考本书附录）。时代真的发生了巨大的变化。

此外，拙作《第四消费时代》于2014年在中国出版，2017年前后在中国销量激增，成为畅销书。而从2017年秋天到2019年底新冠病毒感染疫情发生前为止，我本人为各种中国企业家访日团体做过不下30次演讲，也曾3次到中国演讲。新冠病毒感染疫情发生后，我也多次通过网络为中国企业进行相关演讲，其中包括中国非常知名的互联网头部企业。

尽管如此，我并不认为中国读者充分理解了《第四消费时代》的内容，但我也不认为日本人就更加理解这本书的内容。在日本，邀请我演讲《第四消费时代》相关内容的机构，主要是流通领域的企业，演讲次数不过三四次。中国企业明显更加积极，我想这是因为受电商快速发展的冲击，中国的实体零售业越发艰难，在此现状下企业都需要努力探索新的消费动向。新冠病毒感染疫情发生之后，越来越多的中国人会思考下一轮消费到底是什么样的。

相比之下，从更宏观的角度思考下一轮消费、下一个时代日本人到底会追求怎样丰富多彩的生活的日本企业少之又少。日本企业不断被数字化转型、可持续化发展、愿景经营 [1] 等课题追着跑，完全没有心思去思考如何创造出一个新时代。"人穷志短"大概就是如此。大部分日本企业只在乎如何降低成本，哪怕是进行数字化转型，也很少有日本企业真正思考如何通过数字化转型进行产业创新，或者如何通过数字化转型为消费者创造新价值，只是把数字化转型作为降低企业成本的手段之一。

日本的药妆店店员会让消费者安装药妆店 App，但安装 App 并不能给消费者带来什么好处。消费者使用他们的 App 购物，在支付时却需要使用其他信用卡或 App，而且购物积分还要用 Ponta 会员卡 [2]，真的是越来越麻烦。如果这也算数字化，还不如用现金支付，然后让店员在纸质积分上盖个章来得简单。

与日本这些可笑的现象相比，中国的发展速度则快得多，数字支付尤为发达。此外，北京、上海等城市也和日本一样开始出现第四消费时代的特征，比起大型中心购物，人们反而更喜欢游逛充满生活气息的小街小巷，更加青睐简约、贴近生活的品牌。在这些城市，共享单车也已迅速普及，以简约、共享、怀旧加上数字化为基调的生活方式已经变得稀松平常。

此外，中国在不远的将来会迎来快速的老龄化。数据预测，

---

① 愿景经营：企业明确自身存在的社会意义以及坚持贡献于社会的经营方法。

② Ponta 会员卡：Ponta 是 2008 年由三菱商事设立的全资子公司 Loyalty Marketing Inc. 发行、运营、管理的通用积分系统。

2035 年左右，中国将有 30% 的人口年龄达到或超过 60 岁。① 我认为，届时中国的消费者将不再只追求物质上的富足，一种全新的、共享的消费观会在中国普及。《第四消费时代》一书在中国大卖的原因之一就是有如此预见的人非常之多。中国是深受孔子、老子、庄子等精神影响的国度，简约务实的生活方式对中国人来说是必然的选择。

我起初把"第四消费时代"定义为 2005 年到 2034 年，如今时间已经过半。因此，现在可以说第四消费时代已经基本上全面到来，但今后会如何发展更加令人关注。

我在 2002 年出版了《团块二代②的 1 400 万人即将成为核心市场！》，这本书在商业人士中有着相当高的支持率，现今仍然是网上二手书店的热门书籍，并且在 YouTube 上也出现了相关的解读视频。其实，正是写这本书时我对于现状的认知以及对未来的预测，形成了第四消费时代的理论基础。

如果说 2021 年开始出现第五消费时代的萌芽，那也不足为奇。此时由于新冠病毒感染疫情的影响，人们的消费行为也遭受了巨大的冲击。现在我还不敢说新冠病毒感染疫情是否会成为第五消费时代到来的一个契机，但至少带来了不小的影响。

在这样的背景下，在本书的第一章中，我先对《第四消费时

---

① 中国国家卫健委数据。

② 团块二代：出生于 1971 ~ 1974 年的一代人，也被称为第二次婴儿潮世代、后团块世代、就职冰河期世代。

代》进行概括说明；在第二章中，我将基于现状重新整理《第四消费时代》的结论部分，并进行了大篇幅的补充；在第三章中，我会对最近 5 年越发显著，尤其是在新冠病毒感染疫情中得到进一步强化的"孤独""差距""断裂"进行思考。《第四消费时代》一书的副标题是"走向链接的社会"，而最近这 5 年，我认为反而是"走向断裂的社会""恐惧链接的社会"的一面更加明显。

但是，对于我个人来说，我认为应该在现代社会的范畴内对人类必需的链接进行探索，为此我进行了新一轮的问卷调查研究，在本书第四章中将对研究结果进行分析。此外，在本书的附录中，我加入了可以称之为"第四消费时代案例集"的调研报告。虽然这些报告在本人其他的拙作中有过相关介绍，但是在写作本书的过程中我得到了采访对象的协助，补充了受新冠病毒感染疫情影响后的全新变化。读过本人其他拙作的读者再读此书时可能会觉得内容有重复，但我是想通过这本书让大家全面理解"第四消费时代"的 10 年发生了怎样的变化，所以还请老读者多多包涵。

话虽如此，我在本书的"第四消费时代"部分，舍去了"第三消费时代"的大篇幅内容，同时也舍去了日本消费社会 160 年史年表，以及辻井乔①的访谈。想了解这部分内容的读者，还请阅读拙作《第四消费时代》。

---

① 辻井乔：本名堤清二，辻井乔为其笔名。是日本著名的实业家、小说家、诗人。创建了日本最大的零售集团之一的 SAISON 集团，并一手打造了无印良品，集团旗下还包括全家便利店、吉野家等企业。

目录

第 一 章

消费社会的
四个阶段

市场调查不仅仅是为了发现人们现在有何需求，也是为了发现人们在无拘无束的想象中会有何需求。如果没有市场调查这类模型，人们就很难发挥想象力。

——大卫·理斯曼《孤独的人群》

本章是为了那些还不知道什么是"第四消费时代"的读者，特意从《第四消费时代》一书中摘录出的精华内容。

本书的研究对象是消费社会，但仅限于日本产业革命后的阶段。也就是说，本书并不研究以第一产业或手工业产品为消费对象的消费社会，而是研究现代以来，随着技术创新水平、工业生产力大幅度提升，以工业产品为消费对象的消费者大量增加而形成的消费社会。

每个国家的消费社会的发展阶段并不相同，虽然本书的理论并不适用于日本以外的其他国家，但我相信仍然可以给不同国家的读者带去启发和思考。

当消费社会进入第四消费时代时，并不意味着第三消费时代就消失了。事实上，第一消费时代到第四消费时代的特征在目前的日本是同时存在的（见图 1-1）。

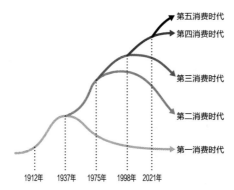

图 1-1　第一消费时代到第五消费时代时间分布

资料来源：三浦展。

消费社会也存在代际差异。当下年轻人的消费特征更偏向第四消费时代，60多岁的人更偏向第三消费时代，80多岁的人则更多呈现出第二消费时代的特征。

近些年来，第四消费时代发展速度放缓，趋于稳定，有时候甚至出现缩小的趋势（请参见本书第二章）。取而代之的第五消费时代，虽然我们还不太清楚它具体是什么样的，但元宇宙等信息技术的新产物也许会呈现出第五消费时代的部分特征（请参见本书第三章）。

第一消费时代（1912～1937年）

在《第四消费时代》一书中，我将第一消费时代的区间定义为从1912年开始，到日本偷袭珍珠港、太平洋战争爆发的1941年为止。在重新学习、研究现代史中的消费史后，我发现随着1936年"二二六"事件发生、1937年日本发动全面侵华战争，日本国内的军国主义抬头，日本国内出现了显著的禁止奢侈消费的趋势。从消费社会演变的历史来看，我认为重新将1937年设定为第一消费时代的结束时间更为合理。虽然东京的一大娱乐场所江东乐天地在1937年开业，但此后日本并没有出现其他标志消费社会演变的事件。

1912 年为第一消费时代的起始年份，我认为这个起始年份没有必要修正。1912 年是大正元年①，虽然从 1912 年到 1937 年仅间隔 25 年，但我认为一个消费时代不一定必须以 30 年为一个周期。我对第三消费时代的周期做了修正。第三消费时代仅存在了不到 30 年，便走向了终结（见表 1-1）。

表 1-1　消费社会的时代划分（对《第四消费时代》一书中相关表格的修正）

时代划分	第一消费时代（1912～1937 年）	第二消费时代（1945～1974 年）	第三消费时代（1975～1997 年）	第四消费时代（1998 年～）
主要世代	出生于明治[1]、大正年间	出生于第二次世界大战（以下简称"二战"）前昭和[2]年间	团块世代[3]、泡沫世代[4]	团块二代、生于 20 世纪 70 年代
社会背景	日俄战争结束，日本发动全面侵华战争	从战败、复兴、高速发展，到石油危机爆发	·石油危机后经济低速发展、出现泡沫经济、金融企业破产（山一证券[5]）·阪神大地震	·金融企业破产·次贷金融危机（解雇派遣员工）·"3·11"东日本大地震·新冠病毒感染疫情发生
人口	·自然增长·总人口从 4 000 万人增长到 7 000 万人·开始出现核心家庭[6]	·自然增长·总人口从 7 200 万人增长到 1.1 亿人·核心家庭进一步增加·全职家庭主妇快速增加	·自然增长放缓·开始出现少子高龄化·总人口从 1.1 亿人增长到 1.26 亿人·不婚率上升	·人口的自然减少呈加速状态，生育年龄人口及总人口下降·离婚率上升·单身家庭[7]成为所有家庭类型中数量最多的类型

---

① 大正元年：大正天皇在位期为 1912 年 7 月 30 日至 1926 年 12 月 25 日。

时代划分	第一消费时代（1912～1937年）	第二消费时代（1945～1974年）	第三消费时代（1975～1997年）	第四消费时代（1998年～）
媒体、通信、交通	广播、电影、报纸	电视、电话、汽车、高速公路、新干线	个人电脑	· i-MODE[8] · 智能手机
杂志	《主妇之友》	· 周刊杂志 · 周刊少年漫画杂志	商品目录杂志	· *Ku:nel* · *Lingkaran* · *Arne* · *Relax*[9]
消费	· 西洋化 · 欧美倾向 · 文化生活 · 现代时尚	· 平等化 · 大规模生产、大规模消费 · 美国倾向 · 私家车、私人住宅、三大神器[10]、3C[11]	· 差异化、高档化 · 多品种小规模生产 · 从数量到质量 · 消费升级 · 品牌倾向	· 简约倾向 · 现实倾向 · 低价倾向 · 低消费欲望
价值观	国家倾向	家庭倾向	个人倾向	· 社会倾向 · 地方倾向 · 共享倾向
零售业	百货店	超市	· PARCO[12] · 便利店	· 购物中心 · 亚马逊网站
城市与居住	· 丸之内大厦 · 帝国饭店 · 田园调布[13]	· 团地[14] · 郊区一户建[15]	· 公寓开间 · 地价高涨导致郊区过度发展	· 共享住宅 · 旧房翻新 · 搬向小城市
社会问题	贫困	环境污染、交通事故	地价飞涨	· 宅家啃老族 · 无业游民[16] · 孤独死 · 贫富差距 · 单身妈妈 · 自杀现象增加

注：

1. 明治：明治天皇在位期为 1868 年 10 月 23 日至 1912 年 7 月 30 日。

2. 昭和：昭和天皇在位期为 1926 年 12 月 25 日至 1989 年 1 月 7 日。

3. 团块世代：出生于 1947 年至 1949 年，是日本"二战"后第一次婴儿潮，总人数约 806 万人。他们经历了日本战后经济高速发展以及泡沫经济。

4. 泡沫世代：在日本泡沫经济时期大学毕业就职的一代人。因为经济过热，应届毕业生就业非常容易，据说一半以上大学应届毕业生都进入了上市公司工作。

5. 山一证券：与野村证券、大和证券、日兴证券并列的日本四大证券公司之一，因经营不善于 2005 年倒闭解散。

6. 核心家庭：美国人类学家乔治·默多克提出的概念，一般指由夫妻双方与未婚孩子组成的家庭。核心家庭的概念与多代同堂、共同生活的"大家庭"形成对比关系。

7. 单身家庭：日本政府人口统计概念，指一个人单独生活的家庭构造，与是否结婚并没有直接关系。

8. i-MODE：日本最大的电信公司 NTT DoCoMo 于 1999 年推出的移动上网服务，是智能手机出现前全球最成功的移动上网服务。中国移动曾参考 i-MODE 推出过"移动梦网"。

9. Ku:nel、Lingkaran、Arne、Relax 均为日本生活类杂志，都保持着极简的风格。

10. 三大神器：黑白电视、洗衣机、电冰箱。

11. 3C：汽车、空调、彩色电视。

12. PARCO：日本时尚百货连锁店，1 号店于 1969 年开业。本书作者三浦展曾就职于 PARCO 公司，负责 PARCO 旗下时尚杂志《穿越》的编辑工作。

13. 田园调布：位于东京西南部的高档住宅区。

14. 团地：一种日本住宅方式，类似于我国的封闭式小区。团地居住者多为当时的工薪阶层。

15. 一户建：一家一户、独门独院的日本住宅形式，通常为 2~3 层的木质小楼。

16. 无业游民：NEET 一族，是 Not in Education, Employment or Training 的缩写，与上文的宅家啃老族一样，是日本社会的边缘人。

资料来源：三浦展。

都市人口增加

日本现代的消费社会，可以认为是从 20 世纪初开始的。第一次世界大战引发的战时需求使日本经济繁荣。然而，严重的通货膨胀导致普通劳动者的实际收入减少，贫富差距扩大，发生了抢米暴动等事件。1920 年，棉纱、生丝的价格暴跌进一步引发了恐慌。然而，大资本家的力量得到了强化，许多人一夜暴富。

此外，大都市的人口增加，推动了大众消费社会在大都市诞生。与此同时，都市近郊住宅用地的开发推动了现代社会的中产家庭、中产社会的出现。这就是第一消费时代。

第一消费时代的发展，可以说在相当程度上只是集中于东京、大阪这样的大型城市。事实上，1920 年日本全国人口为 5 596 万人，其中东京人口为 370 万人，占全国人口的 6.6%；10 年后的 1930 年，日本全国人口为 6 445 万人，东京人口为 541 万人，占全国人口的 8.4%；1940 年日本全国人口为 7 193 万人，东京人口为 736 万人，占全国人口的 10.2%，已经超过全国总人口的一成。

1920 年大阪人口为 259 万人，1930 年增加到 354 万人，1940 年增加到 479 万人。第一消费时代随着大城市人口的增加而出现、发展（见图 1-2）。

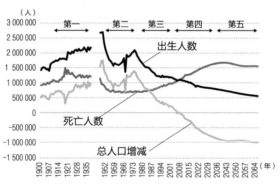

图 1-2　第一消费时代到第五消费时代的人口结构变化

注：1900 ~ 2019 年的数据为实际数据，2020 年以后的数据为推测数据。第一消费时代到第四消费时代的变化，与人口结构的变化相关。

第一消费时代是人口增长的时代，虽然死亡人数也在增长，但出生人数增长得更快。

日本在"二战"结束后进入第二消费时代，进入经济的高速发展阶段。死亡人数增长，但出生人数增长更快，所以第二消费时代是总人口自然增长的时代。

第三消费时代的出生人数开始减少，死亡人数微增，是一个总人口自然下降的时代。

第四消费时代的出生人数持续减少、死亡人数大幅度增长，全国进入明显的总人口自然下降的时代。

如果存在第五消费时代，这个阶段日本的死亡人数趋于稳定，但出生人数将进一步持续下降，是一个总人口进一步减少的时代。

资料来源：日本国立社会保障与人口问题研究所。

现代文化的兴起

在第一消费时代，日本大都市的繁华街道开始出现穿着新潮的年轻人，这些摩登男孩、摩登女孩吸引着人们的眼球。摩登既是进步，也是文化。关于人们衣食住行的一切，但凡是摩登的就是好的。同时期，西餐成为潮流，咖喱饭、炸猪排、可乐饼被称为大正时代的三大西餐。

此外，20 世纪 20 年代在美国被称为广播的时代，而在日本也是同样。1925 年（大正十四年）的东京、大阪、名古屋开始流行广播节目。这也意味着通过媒体创造出"大众"的时代开始了。

大正时代，日本受到欧美国家的影响，人们重视家庭、重视孩子的意识开始增强。核心家庭的全职家庭主妇作为一种全新的存在而出现，针对家庭主妇的杂志《主妇之友》在 1917 年创刊。此后发行数量不断攀升，超过了 100 万份。1934 年的新年刊（1933 年 12 月发售）因为增加了"十五大附录"而成为一本非常厚的杂志。1943 年，《主妇之友》创造了 163 万册的发行纪录。

1913 年，森永制果① 开始推出牛奶糖，银座的千疋屋② 开始把自己定义为水果餐厅。同样是在 1913 年，东京电气公司（东芝的前身）成功实现了钨丝灯泡"松田灯泡"的量产。也是在这一年，随着西装的普及，胜家缝纫机③ 开始推出家用缝纫机。

市区与郊区分离

第一消费时代也是日本开始制订现代都市计划的时代。1919年颁布的《都市计划法》中，就出现了"东京的中心地区为商业地区；东部的低洼地、老城区为工业地区；西部的高地为住宅地区"这样的土地用途规定。

第一消费时代也是生活文化与娱乐文化同时在市区与郊区遍地开花的时代。1913 年宝塚歌唱队在关西地区创立，宝塚大剧场于 1924 年开业。1920 年阪急百货④ 开始在大阪的梅田车站前修建一栋 5 层大楼，其中二楼由白木屋⑤ 开设外派销售点。阪急百货大楼于 1929 年正式开业，这是日本第一个轨道交通一体化百货店。全家住在郊区、每天坐地铁前往大阪市区上班、节假日再坐地铁

---

① 森永制果：日本的食品企业，创立于 1899 年，生产糖果、巧克力、饼干等休闲食品，以及健康食品与冷饮等。

② 千疋屋：从事水果进口、销售的零售店，创立于 1834 年，开创了将水果作为奢侈品销售的先河。

③ 胜家缝纫机：Singer Corporation，1851 年创立于美国。

④ 阪急百货：日本代表性的百货公司，总部位于大阪。目前在中国宁波开设有一家店铺。

⑤ 白木屋：创立于 1662 年，最初为江户地区的三大和服店之一，后成为日本百货业的先驱。

去郊外更远的娱乐场所游玩——这种生活方式在日本正式登场。

在关东大地震发生的 1923 年，东京修建了丸之内大厦，由弗兰克·劳埃德·赖特设计的帝国饭店新馆在东京日比谷落成，东京田园调布也开始销售。1922 年，东京上野公园举办了和平纪念东京博览会，博览会上展示了被称为"文化住宅"的红瓦屋顶的西式住宅小楼，因此郊外的住宅区开始被人们称为"文化村"。市中心开始出现越来越多的高层写字楼，郊外的住宅地则被进一步开发。上班族在市中心上班、在郊外住宅区居住的时代正式开始了。

1919 年乳酸菌饮料可尔必思开始销售，1921 年森永制果推出奶粉商品，1922 年江崎商店开始推出格力高零食。1922 年，杂志《周刊朝日》《Sunday 每日》创刊。1923 年，杂志《文艺春秋》《朝日俱乐部》创刊。这标志着一种与广播同样重要的媒体——杂志就此在日本正式诞生。而资生堂开始尝试连锁化经营，寿屋（现三得利）推出了第一款日产威士忌，孔雀牌咖喱（S&B 咖喱的前身）开始销售，施敏打硬开始生产黏合剂，菊池制作所推出老虎标保温杯（现虎牌保温杯），等等，这些事情都发生在 1923 年。

1923 年 9 月 1 日，日本发生了关东大地震，东京的老城区遭到了巨大破坏，这反而让东京加速转变成一座现代化的大都市。

进入昭和时代，1928 年（昭和三年），白木屋在东京五反田车站前开设了轨道交通一体化的百货店。此后，东京的涩谷、新宿等大型地铁站都开设了轨道交通一体化的百货店。新宿的三越百货于 1929 年开业，伊势丹于 1933 年开业，浅草的松屋百货于 1931 年开业，涩谷的东急东横店于 1934 年开业。1935 年，东京日本桥的三越百货完成了改建工程。

1932 年，地铁站"三越百货入口站"开通。同年，与现在的东京 23 区①制度相当的东京 35 区制度得以设立。抗震强度更高的钢筋水泥公寓的建设也正式开工，同润会②公寓就是其中的典型代表。

如上所述，以大都市为中心、以中产阶级享受消费与娱乐为中心的第一消费时代开始了。而与此同时，我们现在的生活方式原型就是在这个时候出现并固化的。

第二消费时代（1945～1974 年）

1955 年体制

第二消费时代是日本在 1945 年后实现复兴奇迹与经济高速发

---

① 东京都的行政区划由 23 区、26 市、5 个町（城镇）、8 个村组成，23 区代表了东京都市区核心区。后文的"23 区"均指东京都的核心市区。

② 同润会：日本政府内务省基于 1923 年东京大地震的捐款于 1924 年设立的财团法人，在东京和横滨修建钢筋混凝土的"同润会公寓"，为普通人提供住宅。

展的时代，其内容应该不用再赘述了。

1955年，自由党与民主党这两大保守党合并，自由主义国家体制确立。同年，日本生产性本部^①、日本住宅公团^②设立。1956年，日本道路公团^③设立……从此，以私家车、私人住宅为象征，日本社会开始将美国式的大规模生产、大规模消费的社会定为发展目标。

1950年，兵库县的西宫球场举办了"美利坚博览会"，1953年日本的电视台开始播放电视节目，美国的电视剧通过电视台向全日本播放。这一切都挑动着每一个日本人心中对美国生活的憧憬和向往。

20世纪50年代后半期，经济高速发展与消费紧密相连，"三大神器""3C""私家车""私人住宅""白领""团地族""休闲时代"等，一个个全新的生活方式被不断地创造出来，不断地将人们推向消费。"消费就是美德""大的就是好的"，如同这些口号所传递的，人们认为更多的消费可以帮助国民、公司职员、家庭成员建立起自己的身份认知（请参考拙作《"家庭"与"幸福"的战后史》，1999年）。

---

① 日本生产性本部：日本的民间组织，成立于1955年3月。它以全社会为服务对象，以提高劳动生产率为目的，在日本企业界有着巨大影响力。

② 日本住宅公团：日本政府于1955年设立的特殊法人，其目的是为低收入人群提供住宅和住宅建设用地。

③ 日本道路公团：1956年日本政府出资建立的特殊法人，主要负责日本全国的高速公路、收费道路的建设和管理。

1960 年，政府发布了国民收入倍增计划，1964 年东京举办奥运会，1968 年日本成为国内生产总值（GDP）仅次于美国的资本主义世界第二大经济体，当时甚至出现了"昭和元禄"① 的说法。此后，1970 年大阪举办了世博会，1972 年札幌成功举办了冬季奥运会。然而，1973 年 10 月爆发的石油危机让日本的经济高速发展戛然而止。

家电和私家车普及

第二消费时代最大的特征是家电产品等大规模生产的产品在全国得到普及。第一消费时代虽然大规模生产已经萌芽，但当时仍是高价商品较多，只有中产及以上的阶层才能享受消费，更多国民还在贫困的生活中喘息。可以说，让"消费的贫富差距"一举得到解决、让更多的国民有机会享受消费的，正是第二消费时代。

1953 年（昭和二十八年），三洋电机开始销售洗衣机，记者大宅壮一将这一年称为"电化元年"。1955 ~ 1964 年，洗衣机、冰箱、电视机这"三大神器"得到普及，紧接着 1965 ~ 1974 年 3C（汽车、空调、彩电）开始普及，日本逐渐完成了对美式生活的复制。

丰田推出卡罗拉是在 1966 年，这一年也被称为"私家车元

---

① 昭和元禄：昭和三十年代后半段及四十年代，日本经济高速发展的时代（二十世纪六七十年代）。

年"，汽车得到飞速普及。1969～2001 年，卡罗拉在连续 33 年间稳居日本国内汽车市场销售数量的第一名，成为累计销量达 3 500 万辆的现象级商品。

根据日本汽车工业协会的网站信息，1955 年，通产省① 发布了"国民车构想"。该构想指出，希望可以在 1958 年秋天开始量产乘坐 2～4 人、最高时速超过 100 千米的轿车。

虽然这个构想最终不了了之，但是各大汽车厂商都产生了开发与之接近的汽车车型的想法，而人们也将此构想视为政府打算让每个国民都拥有汽车的明确信号。斯巴鲁 360（1958 年）、三菱 500（1960 年）、马自达 R360 Coupe（1960 年）等车型，都是以国民车构想为契机开发的车型。

此后，1964 年马自达推出家族（Familiar），1966 年日产推出阳光（Sunny），1966 年丰田推出卡罗拉（Corolla），等等，为家用车的发展和普及奠定了基础。

大的就是好的

第二消费时代的大规模生产、大规模消费是"少品种的大规模生产"。消费者对商品的独特性没有太多要求，对商品的设计也没有要求，只要买到和邻居家的用品一样好用的东西就满足了。

此外，在换购新东西时，人们往往更愿意购买更大、更贵

---

① 通产省：通商产业省的简称，现为经济产业省，日本政府部级单位。

的商品。一开始买的汽车是斯巴鲁 360；下次就要换成丰田的 PUBLICA，然后是卡罗拉、皇冠；最后换成奔驰。一开始买的电视是 14 英寸 [①] 的，然后换成 20 英寸、30 英寸的……这是第二消费时代最为典型的消费特征。

因为经济的高速发展，人均工资提高了 20%，定期涨薪制度让国民收入水平进一步提升。因此，消费者自然就会不断追逐更大、更贵的商品。

第三消费时代（1975 ~ 1997 年）

轻薄短小化

1973 年的石油危机让第二消费时代走向终结。取而代之的是第三消费时代，它的特征是消费活动的主体从家庭变成了个人。相应地，人们对收支的关注点也从家庭收支转向个人收支。服务于一个人用餐的"个食"商品开始出现在百货店的食品卖场。

就像索尼随身听一样，立体声播放器也开始个人化，其他便携的商品也深受欢迎，"轻薄短小"开始成为成功的秘诀。《日经商业》在 1982 年 2 月 8 日这一期杂志上刊登了特别报道《产业结

---

① 1 英寸 =2.54 厘米。

构——轻薄短小化的冲击》。

这篇特别报道指出，在《日经流通新闻》发布的 1981 年商品人气排行榜中，入选的商品都是个人电脑、轻型汽车、随身听、迷你收音机等轻薄短小的商品，这说明消费者开始觉得过去厚重宽大的商品俗气、过时，而使用轻薄短小的商品更为潇洒、时髦。

从大众化到个性化

对于一种商品，如果一户人家只需要一件，那么这种商品的市场就很容易饱和，这对于家电制造商来说可不是好现象。所以，制造商所采取的战略是提倡"一人一件""一屋一件"。电视机，除了放在客厅，卧室和孩子的房间里也应该各放一台；而汽车则分为爸爸开去打高尔夫球的车、妈妈买菜开的车、儿子与女朋友约会开的车等；音响则分为放在客厅听古典乐的音响、儿子听摇滚乐的迷你组合音响、女儿听松任谷由实的音乐的卡带音响等；空调当然也应该一间屋装一台。在制造商的鼓励下，一家 2 件、3 件……消费者的欲望不断被激发，购买的商品越来越多。

不同于 20 世纪 70 年代之前的日本，进入泡沫经济时代的日本一个人有多款手表的情况很常见。1979 年，精工公司推出了"为什么手表不换着戴呢？"的广告。精工建议消费者按工作、约会、运动的不同用途购置多款手表，以满足不同场景下的需求。

这样一来，第二消费时代中大家整齐划一的消费行动，在第三消费时代就显得格格不入。越来越多的人认为消费应该更具有个性。这也是"从数量到质量"的转变。当时的团块世代大概只有 25 岁，其中一部分思想先进的人已经萌生出这样的意识。而更年轻的一代人则认为像团块世代那样人口爆炸的一代人只会毫无个性地从众消费，这非常糟糕。于是，像川久保玲、山本耀司等非常个性的时装品牌在 20 世纪 70 年代后半期变得极具人气，这也可被视作一个例证。

从超市到便利店

在零售业上，消费的个人化转变则体现为便利店业绩的不断攀升。第二消费时代的消费主体是家庭，因此超市这样的业态得到了发展的机会。1972 年，大荣① 的销售额超过三越百货，成为日本零售业的里程碑事件。如前所述，百货店是属于第一消费时代的业态。百货店的业绩在泡沫经济时代达到顶峰，在此后的 30 年里持续下滑。

日本最早的便利店是 1974 年在东京丰州开业的 7-11 丰州店，到 2020 年日本全国已有约 57 000 家便利店，销售额达到了 12 万亿日元（约 6 240 亿元人民币），远远超过了百货店的销售额。作为第二消费时代典型业态的超市行业，在便利店行业的紧逼下，销

---

① 大荣：曾为日本最大的连锁零售企业之一，日本泡沫经济破灭后陷入经营困境，2015 年被永旺集团全资收购。

售额急速下滑。

然而近年来，随着互联网的兴起以及更多的女性进入职场，人们的时间分配发生了变化。因此，电商业开始起飞，而便利店行业触碰到增长天花板也是理所当然的事了。

从物质到服务

消费的个人化转变让消费结构从物质转向服务。个人化的消费，拿用餐来说，人们不再只是购买食材自己做饭，外出用餐的比例不断增加。这意味着人们不再消费物质，而选择消费服务。

以此契机获得发展机会的是家庭餐厅①、快餐店等餐饮企业。1971 年，麦当劳在银座三越百货开设麦当劳日本 1 号店。云雀（Skylark）、肯德基则在 1970 年登场，在 20 世纪 70 年代后半期实现了迅猛发展。1975 年餐饮行业的市场规模在只有 8.58 万亿日元（约 4 461.6 亿元人民币），而到 1985 年已经跳涨至 19.277 万亿日元（约 10 024 亿元人民币）。在云雀、麦当劳的连锁店数量不断增加的同时，方便面的销售数量同餐饮行业的市场发展速度一样呈现出一条快速增长的曲线。

然而，随着泡沫经济崩溃，餐饮行业的销售额增长从 1992 年开始放缓，1997 年达到峰值 29.1 万亿日元（约 15 132 亿元人民币）后呈现衰退的趋势。衰退最大的原因当属被称为"中食"的即烹

---

① 家庭餐厅：以家庭为主要消费群体的餐厅业态。

即食产品的兴起。在日本，"中食"指的既不是在外下馆子，也不是在家自己做饭，而是在外面购买即烹即食的食品，再拿回公司或家里吃掉，也可以边走边吃。这是用餐"个人化"的体现。

品牌化与高档化

到了第三消费时代，团块世代基本上都进入了生儿育女的阶段，取而代之进入单身市场的是被称为"新人类世代"（1965年至1969年出生）的一代人。新人类世代的消费特征是注重品牌。女大学生拥有进口奢侈品已经不足为奇，进口的豪华汽车品牌的销售额也不断增长。

当时，很多人将日益高涨的品牌消费倾向揶揄为"目录文化"，"目录文化"的起源与1968年在美国出版的《全球概览》（*Whole Earth Catalog*）有关。作者斯图尔特·布兰德（Stewart Brand）在反主流文化的浪潮中提出，每个人都应该根据自己生活的需要亲手制作必需的东西，这种观点其实更接近第四消费时代的观念。苹果公司的创始人史蒂夫·乔布斯（Steve Jobs）就是《全球概览》的忠实读者，他的名言"永远追求，永远尝试"（Keep hungry, stay foolish）就出自这本书。

随后，日本开始出现效仿《全球概览》的书籍。JICC出版社（现宝岛社）出版的杂志《宝岛》，在1975年11月这一期推出了特辑《全城产品目录》。1976年4月《宝岛副刊》创刊，并将《全城产品目录》作为创刊号出版。

类似地，《美国制造产品目录》(*Made in USA Catalog*) 在 1975 年 6 月作为《周刊读卖》的增刊发布。女性杂志方面，《季节与无》作为《无》的副刊于 1974 年创刊，接着在 1976 年的第 11 期中登载了《大特辑：幸福生活的产品目录》《活在当下的女性所必需的四大生活产品目录》《时尚产品目录》等文章，几乎每一篇文章的题目都带有"产品目录"字样。可以说，这就是日本目录杂志的鼻祖。

就这样，"产品目录"本来是为反主流文化出现的，在日本反而成为推动消费的媒体并得到了发展。此后，《流行之眼》(*POP-EYE*)、《布鲁图斯》(*Brutus*) 等前卫的目录杂志，逐步发展成倡导年轻人物欲消费和品牌消费倾向的杂志。这正体现了"从政治到消费"的时代变化。

通过品牌化、高端化来实现差异化发展的不只是时装行业，连方便面这种典型的第二消费时代的量产产品也呈现出类似的趋势。1981 年，明星食品公司①推出了一款叫作"中华三昧"的"高端商品"。此外，日本雀巢公司也推出过高端速溶咖啡的新商品"雀巢铂睿咖啡"。比利时皇室继承人鲁道夫王子出现在这款商品的电视广告中，立即引发了民众对"贵族也喝速溶咖啡吗？"的

---

① 明星食品公司：创立于 1950 年，现为日清食品集团旗下企业，主要从事方便面食品的生产与销售。

热烈讨论。通过速食食品的高端化实现差异化战略的现象，在中等商品消费达到饱和后的时代屡见不鲜。

同样，每个家庭拥有的私家车不只是数量增加了，也高端化了。丰田推出的 SOARER、日产推出的 SILVIA 等特殊车型即是典型代表。

从猛烈到美丽

此前，我对第二消费时代向第三消费时代转变的时间点的判断可能有些许偏差，但第二消费时代转向第三消费时代，并不是石油危机突然引发的。1970 年的日本虽然还处在第三消费时代，但已经出现了第四消费时代的萌芽迹象。这点从 1979 年富士施乐[1] 推出的广告"从猛烈[2]到美丽"以及同年日本国铁（即日本铁路公司，缩写为 JR）推出的广告"发现日本"上可见一斑。

广告"发现日本"的全称是"发现日本：美丽的日本与我"，这支广告从 1970 年一直播放到 1977 年，7 年的时间让这支广告成为日本广告史上最持久的推广活动（藤冈和贺夫[3] 的原话）。藤冈如此写道：

---

[1]　富士施乐：主要从事打印机、复印机的生产与销售。2021 年更名为富士胶片商业创新株式会社。

[2]　猛烈：原意为描述战后日本经济的蓬勃发展。

[3]　藤冈和贺夫：日本广告人，曾就职于电通公司。他提出的"去广告化"的观点震惊业界。

不加思考的发展而造就的文化，其丑陋的姿态是什么样的？我们只需想想环境污染问题就足以明白。……然而……与其将环境污染作为文明问题来看待，我认为我们每一个人更应该将其作为"心"的问题来看待。（《藤冈和贺夫全集1 发现日本》，1987年）

这是对第二消费时代所推崇的物质主义的反省，恐怕是日本广告史上第一次大规模地谈及"心"的问题。更加令人记忆深刻的是，美孚石油的一首歌曲唱道："放松一点吧，急切无多益。"同时期，展现年轻人追求自由的电视广告也铺天盖地地流行起来。以上种种，其实也是对第四消费时代价值观的提前预告。

自我倾向与自我探索

藤冈和贺夫在《再见，大众》一书中，对一直以来的"按物理属性对消费者进行划分"的市场营销方式产生了质疑，换句话说，就是对相同性别、年龄、学历、职业、收入标签下的大众都拥有同样的价值观、同样的需求这一前提假设表示怀疑。藤冈提出现在的时代需要全新的"感性的市场营销"：

兴趣、修养、运动等，思考如何安排生活闲暇时间，生活意义的权重开始向这方面倾斜……但是，如果人们发现自己还是和其他人一样，就会对自己感到不够满意。如何寻找"自我"成了每个人最重要的事。所以存在感时代的关键词就是"自我"。事实上，我就是这么思考的。（《再见，大众》）

这里明确提出了"自我"的时代概念。藤冈认为："所谓'自我'，归根结底，是发挥自身的'感性'。""我想用这样的品位、爱好和生活方式实现自我，区别于他人。这种欲求就是'感性欲求'。"因此，"自我"和"感性"逐渐成为消费社会的核心概念。

20 世纪 80 年代前期，市场营销行业中开始频繁出现"从需求到欲求"（from needs to wants）的说法，也就是"从必需的物品到想要的物品"。人们的消费焦点从生活必需品转向非必需但能让自己快乐的物品，即"从必需品到必欲品"。

如何让消费者对物品产生欲望？首先必须让消费者产生"我想成为怎样的自己"的联想。然而消费者自己并不一定知道自己想成为怎样的人。将这种困惑巧妙地表述出来的，就是丝井重里 [1] 的那句"想要有想要的东西"，这句话表达了"我想知道自己想成为怎样的自己"的意思，这其实就是自我探索。反过来说，如果消费者找到了自己想要的商品，则消费者不只是发现了商品本身，更是通过发现商品的过程发现了自己。

---

[1] 丝井重里：日本广告文案编写人、随笔作家、艺人、作词家。

第三消费时代的终结

在《第四消费时代》一书中，我将第三消费时代定义为 1975 年至 2004 年，但本书对此做了一些修正，将其结束的时间修改为山一证券破产的 1997 年。1990 年股市开始下跌，1993 年地价出现了下跌，1993 年后家庭支出也出现减少的趋势，经济再次出现负增长。之后虽然下降的趋势有所扭转，但 1998 年消费税增税导致经济再次出现负增长。也就是在这前后，第三消费时代走向了终结。

也就是从这个时候起，社会学、经济学等领域的专家开始接连发表关于贫富差距的观点。比如橘木俊诏[1] 的《日本的经济格差[2]》（1998 年）、佐藤俊树[3] 的《不平等社会日本》（2000 年）、山田昌弘[4] 的《希望格差社会》（2004 年）等。如此看来，确实应该说第三消费时代终结于 1997 年。1998 年，消费社会进入下一个时代。

人们对社会的感知和期待发生的变化，也反映出了时代的变化。1996 年之前，人们还期待着经济复苏，而 1997 年发生的亚洲金融危机让人们的期待完全落空。不仅如此，时代的变化在街头的潮流中也显露端倪，1997 年之前的街头还充斥着泡沫经济的影

---

[1] 橘木俊诏：日本经济学家，京都大学名誉教授。

[2] 格差：日语词，意为等级差距，通常指贫富差距、收入差距。

[3] 佐藤俊树：日本社会学家，东京大学综合文化研究科国际社会科学专业教授。

[4] 山田昌弘：日本社会学家，中央大学文学部教授。主要研究家庭社会学、感情社会学、世代论等，在家庭的存在方式以及年轻人的生活方式等领域颇有建树。

子，女性白领都穿着白衬衫、紧身裙，围着爱马仕的围巾，踩着高跟鞋。然而到了 1998 年，这种情况戛然而止，代表着里原宿文化①的街头休闲时尚成为主流。

社会学家见田宗介指出，根据日本广播协会（NHK）广播文化研究所的"日本人的意识调查"，在"现代化"进程中形成的价值观在 1998 年到 2003 年、再到 2008 年发生了很大的变化（《见田宗介作品集 VI 现代矛盾的"解冻"》）。从这个角度看，第三消费时代终结于 1997 年，1998 年开始了一个全新的时代。第四消费时代是经济高速发展阶段的人们无法设想的时代，是对全新社会、全新生活观念进行探索的时代。

同时，日本自杀人数从 1998 年开始激增，在此之后的连续 10年，每年全国自杀人数都超过 3 万人。这也可以作为第三消费时代终结于 1997 年的依据。基于自杀、恶性犯罪、辍学儿童现象从1998 年左右开始不断增加，社会学家山田昌弘认为日本社会存在着"1998 年问题"（《寄生社会的去向》，2004 年）。

从第三消费时代向第四消费时代转变的过程中，另一个变化是非正规雇用②人数的增加。2001 ~ 2006 年小泉纯一郎执政期间所推行的新自由主义路线，的确给许多大企业带来了复兴，但这

---

① 里原宿文化：里原宿位于东京涩谷区，是东京年轻人潮流文化的聚集地。

② 非正规雇用：日本的一种就业形态，一般包括临时员工、派遣员工、合同员工、小时工等雇用形态。与此相对应的"正规雇用"则是指正式员工（正社员）。正式员工与企业签订长期劳动协议，并享有更好的福利待遇。

种复兴被称为"无就业经济复苏",只是增加了非正规雇用的人数。这意味着不属于"企业"这个共同体的、被"个人化"的人的数量在不断增加。第三消费时代的特征是个人化,这种个人化不只是消费的主体个人化,还进一步扩大了社会"孤立化"。而这种充满流动性的非正规雇用形态,更加推动了不断寻求链接的第四消费时代的到来。

此外,有人认为1995年的阪神大地震也推动了时代的转折。地震让人们开始真实地感受到在家庭、近邻社会、非营利组织中,人与人之间链接的重要性,可以说这成了推动时代向第四消费时代转变的一个巨大契机。

第四消费时代(1998 年~)

去私有倾向

1998 年前后,第四消费时代价值观的影响力逐渐扩大。第四消费时代最为重要的理念就是"去私有倾向"。关于这一点,在我1999 年出版的《"家庭"与"幸福"的战后史》一书中已经有相关表述:"像东京高园寺这样的街区,在年轻人中人气高涨;在跳蚤市场转卖自己的物品、穿着二手服装的年轻人不断增多……从这些现象中可以看出，这些年轻人的行为背后蕴含的价值观是对'二战'后大众消费社会所产生的私有主义的否定。"

自 1999 年起，我开始察觉到以私有主义为底层逻辑建设的战后日本，虽然在一定程度上更幸福、发达了，但发展仍是有上限的。1998 年，我去了很久都没有去的高园寺。在街道上漫步时，我发现满大街的二手服装店让人有种说不上来的解脱感。同样在1998 年，我在离家不远的井之头公园，看到许多在逛跳蚤市场的年轻人，我觉得他们心中充满自由和幸福，虽然没有奢侈品，用的是二手货，但这些年轻人看起来依旧快乐。同样在 1998 年，我和一些年轻的建筑师、设计师一起工作，我从他们身上深深地感受到那种不受社会束缚的生活方式的魅力（参见拙作《无家可归的孩子》，2006 年）。

共费社会

如果不是消费，那么是什么将家庭成员或者其他成员链接在一起呢？刚才我提到，年轻的建筑师、设计师在同一家事务所工作，相互协助、关系融洽，他们愉快地工作着。哪怕不是在同一家公司工作的伙伴，也可以通过手机和电子邮件频繁地联系。通过观察年轻人休闲的生活方式和着装，我发现他们对于消费、对于用物品把屋子填满并没有太多兴趣，反而更乐于从与人协作、共同劳动中感受乐趣。

刚好也是在这个时期，博报堂研究开发局找到我，希望和我一起研究新的消费动向。在和他们讨论的过程中，我突然想到了"共费社会"这个词，并在2002年把它写入了研究报告。彼时，公式化的"共费社会"有三大原理：共同利用、最优化、自己参与。尽量不买东西、不囤东西，更倾向于与他人共有、共用，这种新的生活方式使人们感受到价值的存在。人们不再从众，在物品或者服务上寻求一致，而是寻求打造最适合自己的生活方式。因此，比起被动地使用别人给予的商品，自己参与其中、亲自动手制作或改造物品的倾向更为强烈；比起购买物品，与各种人相识、面对面交流的倾向也越发显著。企业为了应对消费者的这种变化，就需要强化自己的专业化功能。关于这点，本书后文会有详述。当这些都得以实现时，"新型社区市场"也就诞生了。

所谓的共费社会，就是人们通过共享、租用来感受消费带来的愉悦和幸福。共享、租用，应该可以成为生活的一种原则。

用山崎正和[①]的话说就是，生产和消费看起来好像是一对对立的概念，事实上消费应该从属于生产，因为不消费，生产就毫无意义；而生产的终点一定是消费，也可以说，消费是生产的最后一个环节。尤其是在第二消费时代，生产能力的提升直接拉动了消费的增长。同时，为了扩大生产，也需要拉动消费。因此，消

---

① 山崎正和：日本剧作家、评论家、传统演剧研究者。三得利文化财团副理事长、大阪大学名誉教授。

费的原理应该从属于生产的原理。消费与工厂的组装线一样，是生产（劳动）"分工"的一部分。因此，消费也追求更大量、更能快速实现的目标。

这就意味着，拉动消费需要物品有更多的损耗。坏了、厌倦了、扔了换新的……这些都是拉动消费所需要的。我们常说劳动就是获得金钱的手段，除此以外没有别的意义。对此，曾经有过"劳动导致人类的异化"①的说法。如果是这样的话，"消费"这种"劳动"也可能导致人类的异化。因为第二消费时代中的消费者不是主体，而是客体（见图 1-3）。

与此相对应，在以共享、租用为原则的共费社会（第四消费时代）中，消费不是拉动生产的手段，而是消费者（生活者）以创造更加美好、充实的生活为目的开展的主体性的、共同性的行为（从这点来说，生活合作社②可以说是共费社会的先驱）。或者说，不进行生产活动，仅用现在所持有的物品维系生活，这也是共费社会的一种存在方式。因此在共费社会中，使用二手货、翻新改建等成了司空见惯的事情。即便生产减少九成，生活也不受影响，这就是共费社会。

如果共费社会进一步扩大，企业就赚不到钱了，国内生产总

---

① 劳动导致人类的异化：马克思曾提出"劳动异化论"。他认为，劳动（自由自觉的活动）是人类的本质，但在私有制条件下却发生了异化，劳动者成了无差异化的劳动力，劳动者与劳动之间的关系出现了异化。

② 生活合作社：为提高生活品质，由普通市民自发形成的、相互合作开展各种活动的非营利性组织。

值也会下滑。为了避免陷入这样的困境，企业想尽办法创造新产品，比如，现在日本的罐装咖啡多达 500 种。真的有这个必要吗？难道 50 种还不够吗？我认为，没有将时间和劳动力放在真正的创新上，而是浪费在无谓的多元化上，这是日本眼下发展停滞的一个原因。

图 1-3　第二消费时代与第四消费时代的对比

资料来源：三浦展。

从分工、断裂到链接

当然，第四消费时代并不意味着对物品私有、个人生活完全否定，而是人们发现仅靠物品私有、个人生活不能满足所有的需求，但是共享可以满足这些需求，因此积极倡导共享型生活的人越来越多。

这种倾向在"3·11"东日本大地震后变得更加明显。看到被海啸冲走的房子和汽车，许多人突然发现拥有私人住宅、私家车等私有物品是如此空虚。福岛核事故引发的危机同样暗示着，或许在我们不知道的地方、不知道的时间，我们赖以生活的基础早已被他人决定。人们开始对这样的生活产生疑问。

然而，并不是地震导致去私有的共享倾向突然爆发。其实从20世纪90年代后期开始，大家已经意识到年轻人不再狂热地购买车子、房子了。只是地震让这种倾向变得更加显著。

本书所说的"共享"，是指人们通过相互借出或者借入物品、场景、场所、时间、智慧和力量，实现某种"价值的共享"，从而创造出人与人之间的链接。

共享与现代社会出现的"分工"（division of labour）并不是一回事。分工，是将工作进行划分从而实现效率的提升，但工作的乐趣及成就感随之下降。共享则跟效率是否提升没有太大关系。人们通过共享物品、场景、场所、时间、智慧和力量实现价值的共享与共感，不是链接的断裂而是链接的创造。我认为此过程给人们带去的情感上的愉悦是共享的意义所在。

共享的本质在于，它是完全内发的，而不是外部强制的结果。

所以，我对共享的思考可能和伊里奇①的"conviviality"（自立共生）更加接近。从conviviality的拼写来看，"con"代表"一起"，"vive"代表"生存"，也就是"一起生存""一起吃饭"的意思，也有"喜欢聚会的""友好的"的含义。这并不意味着对他人过度依赖，而是指在实现自立的前提下，和别人一起快乐地生存、生

---

① 伊里奇：伊凡·伊里奇，出生于奥地利，集神学家、哲学家、社会学家及历史学家多种角色于一身的学者。

活、吃饭、感受幸福。所以，我认为 conviviality 就是"共费"（本书附录中的"西荻 okatte"的运营公司的名字就是"Conviviality"）。

多人一起生活，必然会产生共享。哪怕是看起来只会索取的婴儿，其实也给整个家庭带来了幸福感。残疾人也好，需要照料的老年人也好，提供看护的护理人员为了让他们能感受到多一点幸福快乐而工作，这也是护理人员工作的成就感所在。我认为这也是一种共享。这和以金钱为媒介进行的交换有着完全不同的意义。

健康的正常人在面对困境的时候也需要他人的帮助。借助他人的力量是最基础的共享，比如，有人跟你分享食物，而你教他怎么使用智能手机，这就是日常生活中的共享。

信息社会与利他倾向

第四消费时代的主要特征并不是优先考虑如何在最大限度上满足自己的利己主义，而是兼顾他人的需求的利他[①]主义，是想为他人和社会贡献一份力量的意识。从这点来看，第四消费时代也

---

① 据说东京工业大学未来人类研究中心正在以"利他"为关键词开展对现代社会的研究。但是这里的"利他"并不是一种具有能动性的行为，而是为了引发和他人之间潜在的可能性而被偶然触发的利他。他们提出："利他和生产效率是不同的视角，会带给我们审视社会的启发。"同时，他们还指出："在年轻人中，想向他人传达想法、获取他人的想法都变得越发困难了。我们认为现代社会是一个更加难以产生利他行为的社会。在充满各种紧张感的现代社会中，人们与他人之间构建关系的经验是不是变得越来越少了？"（东京工业大学未来人类研究中心负责人伊藤亚纱，《日本经济新闻》2022 年 2 月 9 日。）

体现出了社会倾向。

　　拥有私有物品可以让人享受物质带来的幸福。极端的情况就是通过独占更多物品获得更大的满足感。比他人拥有更大、更贵、更稀少的物品并向他人炫耀，以此获得更大的满足感。这种行为在市场营销中被称为"差异化"。

　　信息与物质不同，私有、独占、储存信息没有任何意义。不将信息传递给他人、不与他人共享信息，仅仅持有信息是无法体会到喜悦的。像储存金块一样把信息积攒起来，无法让信息产生应有的价值。

　　这就是信息和物质之间有趣的区别。随着信息化的发展，人们不再满足于拥有什么样的信息，而更倾向于从信息交换上获得快乐。哪怕是把生活琐事发到社交媒体上，也会收到别人的"赞"。在社交媒体上，素未谋面的人也可以给你发来"生日快乐"的祝福。从广义上来说，在这种环境下，利他行为变得更加容易实现了。

日本倾向与地方倾向

　　第四消费时代的另一个特征是日本倾向、地方倾向。

　　例如，去海外旅行的日本年轻人逐年减少，但去京都旅行的人却在增加。熊野古道、伊势神宫等传统景点也人气高涨。关于这一点，在拙作《爱国消费》（2010 年）中有详细论述，本书仅做简单的引述。从日本政府内阁开展的"社会意识民意调查"来看，20多岁的男性中有强烈爱国情感的人，从2000年的22.1%上升到2010年的38.8%；20多岁的女性中有强烈爱国情感的人，从2000年的23.4%上升到2010年的35.5%。2020年的数据和2010年相差无几。

"日本"这个国家本身就是一个宏大叙事，除了"经济发达""经济大国"这些标签，应该也有更抽象的、更具文化性的、更传统的"日本"形象。中国取代日本成为世界第二大经济体后，日本作为经济大国的骄傲不复存在，于是日本重新回到传统文化中寻找荣光。此外，在全球化进程中，世界各地的生活方式越发同质化，因而渴望转向日本风格的求异心理也开始增加。从海外旅行回来，更多日本人感受到了日本安静、整洁的一面。在这些因素的共同作用下，近年来日本国民对本国的关注度逐渐提升。

简约倾向

共享意味着多人共同使用一件物品、通过租用解决需求、循环使用二手货等，这些行为必然也是环保的，会逐渐演变成全面减少浪费的、简约的生活方式。

关于这一点，如我在2009年出版的《简约一族的反叛》一书中所阐述的那样，消费者所追求的生活方式，既不是第二消费时代的"更大"，也不是第三消费时代的更时尚、更高档，而是更环保、更温和、更简约的生活方式。

　　具体来说，1999 年《乐活①SOTOKOTO》创刊，2003 年 *Ku:nel*、《天然生活》等乐活系、生活系杂志纷纷创刊。1997 年，倡导天然家居的杂志 *Chilchinbito* 创刊。由此看来，确实是自 1997 年以后，消费者越来越强烈地表现出对非物质主义生活方式的偏好。

　　关键的一点是，环保倾向、简约倾向的消费观念很容易和日本倾向联系起来；而"美国式"生活方式倡导大规模消费，与环保背道而驰。虽然每个国家在现代以前都有过和自然共生共存的时期，但是日本不仅仅是和自然共生，更是把和自然共生上升到文化、生活方式的高度。许多人相信曾经的日本在这方面做得最好，因为在日本的文化中一直有着与自然和谐共生的观念。

　　因此，环保倾向对于日本人来说不仅仅是个单纯的科学问题，许多人把它视作文化问题，甚至更进一步将它和对日本传统的民族自豪感联系在一起。他们认为日本人简约的生活方式比日本作为经济大国更值得自豪，简约的生活方式是值得追求的全新目标。

　　所谓的品牌倾向里的"品牌"，指的是欧美的奢侈品牌。无论购买多少这类奢侈品，都无法获得它所代表的西方文化的"正统性"。反之，日本从古至今延续下来的环保、生态、简约的生活方式，对于日本人来说才更加具有文化的正统性。

---

① 乐活：从英文"LOHAS"音译而来，LOHAS 由"Lifestyle Of Health And Sustainability"的首字母组成，直译为"健康且可持续的生活方式"。

事实上，从文化分析研究所^①的调查来看，在"关心"环境问题的人中，"非常喜欢"日本的人占了41%；而在"不怎么关心""不关心"环境问题的人中，"非常喜欢"日本的人只占15% ~ 16%（《现代最新女性调查》，2010 年，以首都圈 20 ~ 39 岁的女性为调查对象）。可以看出，对环境问题的关心度与对日本的好感度是呈正相关的。

此外，对环境问题关心度越高的人，其行为也更具日本本土特色。他们不屑在流行趋势中随波逐流，而倾向于购买明年乃至以后都可以长期使用的款式；他们会买结实耐用、基础功能好的物品。

简约倾向的增强，让第三消费时代的海外高端品牌倾向走向终结。觉得全身优衣库也不错的年轻人越来越多，通过奢侈品的品牌调性来表现个性的年轻人越来越少。人们越来越认为商品的调性和自己的个性并无关系，所以像第二消费时代中的大规模生产产品也是可以接受的。

人气高涨的共享住宅

共享倾向并不追求与他人的差异化，而是更倾向于追求与他人的关系和链接。共享倾向并不卖弄、炫耀自己和别人的不同，而是寻求与他人的共通性，并以此为媒介尝试创造新的链接。

---

① 文化分析研究所：由本书作者三浦展创立的研究机构。

因此可以说，共享倾向也不是要强制实现同质化。共享倾向增强的前提，是个人主义已经得到了充分的发展。只有人们充分认识到人与人各不相同是理所当然的，并且在差异中仍然相互尊重，这样的个人主义才是实现共享倾向的大前提。

共享住宅人气的不断上涨体现了共享行为与观念的普及（请参考拙作《聊聊今后日本的共享》，2011 年）。共享住宅有以下 6 个方面的优势。

1. 重视圈子

尤其是对女性而言，和自己喜欢的伙伴待在一起、聊天，可以消解压力和烦恼，让生活过得更快乐。认识各行各业的人也是共享住宅的乐趣，生病时也有人照应。但是与以往的出租屋不同，共享住宅里的每个人都有独立的房间，既能和他人产生链接，又不会被这种关系束缚。

2. 经济性

共享住宅所需的初期投资很少。首先没有礼金[①]，可能也没有押金，有的话一般也就一个月的租金或者更少。厨房都配有冰箱、微波炉等家电设备[②]，厨房的装备和日本常见的一户建一样丰富。在各个房间里都准备了床、桌子和椅子，所以在入住时并不需要

---

① 礼金：日本租房时产生的一种费用，由租户支付给房东，感谢房东将房子租给自己。在退租时这笔费用不会返还给租户。

② 日本租房通常都是不带家具、家电的空房，家具、家电需由租户自己购置。共享住宅可以拎包入住，比普通租赁住宅更有优势。

太多的初期花销。需要频繁出国、出差或从事长期驻外采访等工作的人，在东京或者目的地城市租住一套共享住宅会比普通租房更加便宜。

3. 安全性

多人一起居住生活，安全性更高。在发生灾害时，尤其是在发生地震时，多人一起居住比独居也会令人更加安心。事实上在"3·11"东日本大地震时，许多住在共享住宅的人都发出了"住在共享住宅真是太好了"的感叹。如果有人生病了，同住的人也会帮忙做饭、相互关照，也令人更加安心。

4. 个性

每一所共享住宅都有独特的创意，内装、外观、户型、居住人数、建筑年份都各不相同，这比第三消费时代更加具有个性。住开间公寓的人会发现，无论搬多少次家，公寓每间屋子的装修设计都是差不多的。但共享住宅不同，每次搬家，都可以让住户体验到不同风格的装修设计和生活环境。

5. 多样性

日本很多普通租赁住宅的房东不愿意租给非正规雇用者或自由职业者等收入不稳定的人，以及单身妈妈、老年人、外国人等少数群体。但是共享住宅对各类群体一视同仁，甚至有时候会更加积极地邀请少数群体来居住，日本就有一个专门面向65岁以上老人的共享住宅。

6.机会

在共享住宅里，有包括自由职业者在内的各行各业的人，人们可以和同住的人聊聊职业问题，常常会有意想不到的收获。在东京市中心租不起房子的人，可以住共享住宅。对于想住在东京市中心以获得更多工作机会的人来说，共享住宅是非常具有吸引力的。

如上所述，共享住宅有很多的优势，对女性来说更是如此。相较于男性，女性更难获得正规雇用、收入更低，而且女性更重视安全，更在意陪伴，所以共享住宅对他们具有很强的吸引力。

对那些年纪轻轻、身强体壮，又是正规雇用、收入较高、已婚，也有公司作为圈子的男性来说，没有太多理由选择共享住宅。然而男性也会到 65 岁，也会离开公司，收入也会下降，体力也会下降，也许还会离婚，有可能还需要再找一份工作养活自己，此时他们也就有了选择共享住宅的理由。在这点上，可以说共享住宅具备了本书后面会提到的"单身社会"中的"生活照料"的功能。

当然，不是所有人都会去住共享住宅，也没有这个必要。但是，共享式的生活在日后一定会逐渐成为刚需。也就是说，具备重视圈子、经济型、安全性、个性、多样性、机会这 6 个方面的优势的生活方式会变得更加重要，对于企业、行政、非营利性组织以及市民团体来说，能否在自己的业务中对客户提供这 6 点价值，也会变得十分重要。

第 二 章

前往"魔法的时代"
与再生活化

对于我们来说，毫无疑问，"生活"已经不再

意味着那个自然所在——人们既从那里出发，

又可以随时返回，而是一个由我们自己构筑

的未知世界。

——见田宗介《新故乡之歌》

寻求再生活化的消费者

什么是消费

在上一章中，我对第一消费时代至第四消费时代进行了概述，并试着整理了第四消费时代的特征。到底什么是消费？消费社会将朝着什么方向发展？我想重新思考一下。

在字典中，consume（消费）的意思是"用尽""烧完""吃完""喝完"。"con"的含义是"全部"，"sume"的含义则是"去除"。确实，在物质并不充裕的社会中，粮食会被吃完、生产出来的物品会被用到寿终正寝。

然而，在物质高度充裕的社会，耐用消费品不断增多，普通人也可以拥有高档手表这种半永久或永久的商品。在这样的社会中，消费就不能简单地解释为"用尽"或"吃完"了。

此外，与"consume"相似的一个词是"consummate"。"con"意为"全部"，"sum"意为"总计"，因此这个词还代表"全部"的意思。所以，consummate 作为动词的词义是"完成"，作为形容词的词义为"完全的""无可挑剔的""成熟的""熟练的"。它的名词是 consummation，在法语中它表示"消费"。但令人意外的是，这个词还有"完成""成就"的含义。与英语的 consumption同词源的法语词 consomption 的含义则是"消耗""憔悴"。

所以可以看出，法语的 consomption 和英语的 consumption 都有"消费物品"的含义，此外，法语的 consomption 一词，还在英文的 consumption 中加入了 consummation 的含义。我不是语言学者，不知道为什么会有这样的变化，但可以很清晰地看出，法语的 consommation 一词既有"用尽"的含义，还有"使其完成、成就"的相互矛盾的含义。莫非是把食材用完、完成一餐美味的料理的意思吗？

消耗与自我充实

这里更为重要的是 consummate 的一个派生词 consummatory。在社会学中，consummatory 包含"自我充实"的重要概念。

Consummatory 的反义词是 instrumental，一般翻译为"工具性的""手段性的"。见田宗介的书中写道：

> Instrumental 可以被翻译成"手段性的"，但 consummatory 则无法被准确翻译。"目的性的"的译法是错误的，"立即充实的"的译法不但生硬，而且很难传达其正确含义。就像"我看见彩虹时，心都在跳舞"那样，看见彩虹、心开始跳舞的时刻，就是 consummatory 的时刻。也就是说，就像艺术上的感动、宗教上的极乐（bliss）一样，不是达成任何目的的手段，其自身就是一种慷慨的、愉悦的行为、关系、状态和

时间，也是 consummatory 的行为、关系、状态和时间。与之
相对应，有偿劳动、营利性活动、应试学习、政治活动，它
们自身是为了达成外部目的、作为手段而存在的行为、关系、
状态及时间等，它们是 instrumental 的行为、关系、状态和时
间。（见田宗介、栗原彬、田中义久《社会学事典》，1988 年）

当然了，"有偿劳动、营利性活动、应试学习、政治活动"，
因人、因时、因场合的不同，也可以变成"不是达成任何目的的
手段，其自身就是一种慷慨的愉悦"。但是，"有偿劳动、营利性
活动、应试学习、政治活动"，如果最终得不到任何成果（报酬、
利润、考试及格、当选），就变成了毫无意义的、无法"完成"的
行为。

而 consummatory 的行为，即便最终得不到任何成果（报酬、
利润、考试及格、当选），行为本身也能带来幸福、快乐、愉悦，
其行为本身就是"完成"的。比如，雨停了、出现了彩虹，我心
想"好美啊"；看到可爱的婴儿，情不自禁露出笑容。这些都是
"完成"。

消费不是生产的一部分

如果"消费"一词既包括"用完"之意，又包括"完成、实
现"之意，那么可以说，消费不仅有满足饥饿的工具性意义，还包

括"不为达到任何目的，其本身就是一种喜悦"这一意义。在第四消费时代中，消费的意义将更加多元化，消费不仅是为了满足自身需求，还为了考虑他人需求和社会责任，这是社会价值观的变化。

对此进行全面、深入论述的是山崎正和的《灵活的个人主义的诞生》(1984年)一书。这本书写于第三消费时代，却是一本因预感到了第四消费时代的出现而进行论述的著作，也是一本现代的经典著作。

山崎在20世纪80年代初期，对当时大行其道的让·鲍德里亚(Jean Baudrillard)的《消费社会》(1970年)进行了批判。山崎认为，鲍德里亚对消费社会的认知只停留在"消费社会是单纯享受多余物质的社会，是一个在量上'过度消费'的社会"的层面上。鲍德里亚认为："人类除了有'自我保存的本能'，还有一种与之对立的本能，就是'想用尽自己的力量'，人类始终都有着'更多、更快、更频繁'的冲动。因此，只要受到这种本能的支配，现代的消费社会就会进入无止境的泛滥消费中，对奢侈的炫耀，以及对这种炫耀的怨恨和暴力就会必然出现。"对此，山崎提出了反驳："首先讽刺的是，这里的'更多、更快、更频繁'，明显是效率主义的观点。与其说它是消费社会的特征，不如更应该看作生产至上主义社会的原理。""我们现在是对这种效率主义感到了疲倦。"就像上一章提到的"共费"的概念，山崎进一步批判道："鲍德里亚所说的消费其实并不是和生产相对立的概念，其实更像从属于生产的概念。"

"在今天的日本社会中，也残留着这种倾向。不少的人对于流行的商品都想'更早、更便宜'地获取，就像上面这段文字所描绘的那样，人们攀比着谁先买到。然而，我们不能忘记，这最多是特定社会在特定的历史阶段的一种现象，并不一定是人类欲望的永恒本质。"

那么，什么是人类欲望的本质？

自我充实的消费

山崎在书中写道："人类最大的不幸是连物质欲望都无法得到满足。次之的不幸并不是人类拥有无穷的欲望，而是欲望轻易就能被满足。"

"对食物贪婪的人，最悲伤的事就是肚子的容量有限，无论是多美味的食物，超过一定分量就无法再下咽。这就是事实。"不仅如此，"随着欲望的满足，快乐开始递减，最终变成痛苦"。

"一方面，可供选择的事物在增加；另一方面，在选择的同时可以自由生活的时间变得更多了，现代人的人生的迷失也会随之剧增。""那些自问'有什么好玩的事吗'的人，其实有一半的人是在坦白自己连'有什么'都不知道，人们意识到自己正变成一个连自己都不能理解的存在。"这和第一章中提到的丝井重里的

"想要有想要的东西"如出一辙。

那么，对此人是如何思考的呢？"物质性的消费"一方面以"消耗某种东西"为目的，"但同时，也想尽量延长达成这个目的的整个过程"。在这里，"'消耗某种东西'看起来像一个目的，但其实它是为了享受消耗的过程而必需的手段"。"人们不是想在最短的时间内消耗最大量的食物，而是为了获得更多的享乐，用最长的时间来消耗少量的食物。"

本来"人类的消费行为大概是效率主义的反面行为。比起达成目的，人们对达成目的的过程更为关注"，"所谓的消费，看似以物质的消费与再生为目的，其实真正的目的是消耗那些充实的时间"，山崎得出了如此的结论。也就是说，通过将消耗（consumption）转换为自我充实（consummatory），这才是消费最终的成熟形态。

我在生活中感受到山崎的预言变成现实是在 2000 年以后。《灵活的个人主义的诞生》出版后，"人类的欲望开始频繁地倾向权力，人类朝着更多的炫耀性消费、拉开和他人的差距的方向狂奔"。由于泡沫经济的出现，这个狂奔的时代被拉长了，新的消费时代迟到了。但同时，正是因为经历过泡沫经济时代，我们对浪费感到疲倦，人们开始摸索新的人生意义。

尽管如此，"人们不是想在最短的时间内消耗最大量的食物，而是为了获得更多的享乐，用最长的时间来消耗少量的食物"山崎这一观点，从快餐以及便利店食品快速发展的现代社会来看，却是不着调的空想理论。确实越来越多的人喜欢轻松地喝着饮品聊聊天，但同时，没有哪个时代像现在一样，人们在日常生活中如此重视赶紧做饭、赶紧吃饭。可以说现在能安心坐在餐桌旁吃饭这件事都已经不常见了，更多人都是在通勤的路上快速迈着步子，边走边吃。

日本已经持续了 20 多年实质性的经济衰退（所谓实质性的经济衰退，是指虽然从数字上看有的年份经济不错，但普通人却感受不到经济向好），那些没有经历过泡沫经济、对浪费不曾感到厌倦的一代人现在也到了 20 ~ 30 岁，因此，这代年轻人反而开始出现对泡沫经济时代的消费方式的憧憬。

看不见脸的人

过去，人们在各自从属的地区社会中生活，比如"能看见脸"的农民、木匠、渔民等，人们相互熟知。当社会发展成一个体量巨大的大众社会时，人们就成了"看不见脸"的白领或者工人。在工作的场景里，他们可能是某个行业的专家，可能还是"能看见脸"的人。但是一旦作为消费者，人们就变成了会购买同样的香皂、汽车、泡面、衬衫，被平均化了的、"没有脸"的均质大众。而制造出高性能产品卖到全世界的日本人，就被称为"看不见脸的人"。

随着消费社会越来越发达，人们试图通过消费找到自己与他人的不同，尝试通过着装、发型、兴趣爱好表达自己的特点和个性。第三消费时代以及之前的时代，都是以物质消费为中心的时代。但随着第四消费时代的发展，人变得更加重要。消费，从单纯的物质性的消费逐渐转变为对人性化服务的消费。这种消费并不是付钱享受服务这么简单，而是越来越多的人通过消费寻求更加深入的人与人之间的关系。

也就是说，不仅是作为消耗服务的"服务消费"会逐渐发展，而且无论对于服务的提供方来说，还是对于消费者来说，都希望服务消费成为一种自我充实的行为。因此，接受怎样的服务固然重要，从谁那里接受这种服务、我和对方会产生怎样的关系，将具有更重要的意义。而谁通过怎样的方式售卖商品、提供服务就变得重要了。也就是说，不是简单地按照工作手册销售商品，而是让充分了解和热爱商品的人来销售商品，人们会觉得这样的事有巨大的意义。

同时，还有一件非常有趣的事。随着社交媒体的发展，不只是身边的亲友，没见过面的人也有可能会看见我们的"脸"，知道我们在什么时候、什么地方做过什么事情，这就是"过度看见脸的社会"。更准确地说，是我们把自己在什么时候、什么地方做过什么事情不断地发布在社交平台，像是给中午吃过的拉面、晚上喝过的酒、走过的街道等事物，盖上了画着脸的人体印章。更进一步讲，这个印章不是我们的脸、不是我们的人格，而是可以演化成数字世界里像阿凡达那样的虚拟人，通过这个虚拟人和他人（或者他人的虚拟人）进行交往。

创造性的生活者

在重视生态、环保的第四消费时代，产品的长寿命本身就具备价值。因为使用寿命长，所以人们开始希望产品可以提供生活真正必需的价值，希望产品的基础功能、基础性能更好。人们重视的不是那些能够一时热卖的商品或店铺，而是更重视那些可以长时间畅销的商品或店铺。

如此一来，生产商品的人、挑选商品的人、开店的人的眼光就非常重要。他们需要用准确的眼光，挑选出能长期畅销的商品。具备这种眼光的商家会获得顾客的信任，顾客会经常来店里，想购买店里的商品，当然这样的店铺也会一直有生意可做。因此，认真打造店铺与人之间的关系就变得非常重要。

在第四消费时代中，将物质神化的品牌信仰开始逐渐退潮。人们有了一个全新的目的：关注商品所能带来的人际关系和人与人的联系。

另外，我们生活的方方面面越来越多地被大规模生产的产品占据。平时用餐要么选择便利店的便当，要么选择快餐或家庭餐厅；所谓的"喝点饮品"其实就是喝瓶装饮料；穿的要么是优衣库，要么是 Workman[1]，这样的情况越来越普遍。这里面既没有匠人的手艺，也不需要专业的销售。把京都百年老店的形象与瓶装茶饮料相结合，这完全就是第三消费时代的企业所采取的品牌战略，这和前面提到的饮用高端速溶咖啡的欧洲贵族鲁道夫王子一样可笑。在这种消费社会中，能够享受纯粹的第四消费时代的人并不是多数群体，而是有限的一群人。

第四消费时代的消费者不是多数群体，他们不是完全被动的消费者，而是更加具有能动性的生产者、发布者、创造者和革新者。他们不会因为企业推荐就去购买某个商品，他们自己创造生活，创造符合当今时代要求的、全新的人与人之间的联系（也就是社会）。

第四消费时代的生活者所创造的人与人的链接，和以前的共同体并不是一回事。我将他们所创造出来的链接命名为"共异体"。

我们常说的共同体在空间上受约束，在时间上永续，成员是固定的（或者从父辈那里继承而来），因此共同体对外部世界是封闭的。比如日本的神社和信众的关系就是典型的例子。日本的企业也一样，虽然员工有进有出，但进出的都是同一类人，若干年之后可能会出现父子在同一家公司工作的情况，企业希望通过这种方法实现永续经营。

---

① Workman：日本最大的工装服品牌。

共异体则不同，在空间上不一定受约束，在时间上可能是受限的，而成员的流动、更替则是前提，共异体对外部世界是开放的。不是在一个固定的地方开展永续不变的事业，而是在多个地方同时开展多个项目，而这些项目大多有时间上的限制，成员之间有联系，但并不受此束缚。

再生活化

以上所述就是第四消费时代的特征，过去 20 多年间我们切实地感受到了第四消费时代的特征越发普遍地存于社会中。如果再次仔细审视这些现象的特点，我认为它们之中都有"再生活化"这一共同核心。

所谓"再生活化"，是指重新整理、评估经济高速发展前普通日本人的生活方式，然后将其中的一部分融入现代人的生活之中。

具体而言，人们渐渐有了亲自动手制作食物的意愿。从事农业的人逐渐增加，参加味噌制作体验坊的人、自己动手制作梅干或梅子酒的人也多了起来。这些行为，在半数以上国民都从事农业生产的 20 世纪 50 年代，其实是人们每天都在做的普通劳动。也许是因为越来越多的人开始思考：远离那个年代的现代生活，尤其是数字化将一个个有血有肉的人变得缺乏"人味儿"的现代生活到底对不对？

"3·11"东日本大地震引发福岛核事故后，许多人发觉其实自己对很多重大事件根本没有知情权，就这样将自己的生活和生命托付给了他人，人们开始对这样的生活产生了质疑。人们希望自己的生活能由自己掌控，自己能真正了解可以在什么地方、通过什么方式延续自己的生活，这种意识在日本人中萌芽。毫无疑问，这种意识推动了再生活化的发展。

与再生活化相对应的则是政商界推进的数字化和核能发电，它们是从现代文明中诞生出的"魔法"。靠着这种"魔法"，我们现在过着 60 年前完全无法想象的生活。几乎就像哆啦 A 梦从口袋中掏出的各种工具，一切皆有可能。但是，哆啦 A 梦口袋里的工具都有具体的形状，而现代社会的工具只是用手指触摸的手机屏幕而已，这让人无法感受到"魔法"的真实存在。况且，普通人其实无法理解"魔法"，"魔法"有各种技巧和套路，真正知道这些的只有那些创造魔法的人。我们正活在这种缺乏真实感的时代。

正因如此，从来没有哪个时代像今天一样，人们如此渴求真实感。人们要的是生活，而不是"魔法"。每个行为都是真实的生活，人们制作真实的物品，用真实的行动感受生活，人们应该感受真实生活的魅力。寻求再生活化的消费者，难道不就是当年堤清二预言的"生活者"吗？

在这里，我联想到了这么一段话："对于我们来说，毫无疑问，'生活'已经不再意味着那个自然所在——人们既从那里出发，又可以随时返回，而是一个由我们自己构筑的未知世界。"

接受悲伤的社会

"魔法的时代"

　　见田宗介把"二战"后的日本社会分为"理想的时代""梦想的时代""虚构的时代"三个阶段。战败后的 15 年是理想的时代，接下来经济高速发展的 15 年是梦想的时代，再之后 15 年繁华的消费社会是虚构的时代。如果按我的第四消费时代的理论来划分，第二消费时代是理想的时代与梦想的时代，第三消费时代的前半段则是虚构的时代。

　　对于虚构的时代之后的世界，见田宗介没有清晰地说明，只是把它叫作"虚拟的时代"，也有人将其称为"不可能的时代""动物化的时代"等。

　　现代是"魔法的时代"，所以作为对魔法的反抗，我想把现代社会定义为"寻求生活的真实感受、活着的真实感受的时代"。见田宗介也认为现代社会是一个寻求真实性的时代（见田宗介《现代社会的理论》）。AI①、AR②、谷歌眼镜③、自动驾驶都是"魔法"的

---

① AI：Artificial Intelligence，意为人工智能。

② AR：Augmented Reality，意为增强现实。

③ 谷歌眼镜：由美国谷歌公司于 2012 年 4 月发布的一款"拓展现实"眼镜，它具有和智能手机一样的功能，可以通过声音控制拍照、视频通话和定位导航，同时具有上网浏览、处理文字信息和电子邮件等功能。

一种，这种"魔法"也存在于智能手机之中。而且，"魔法"可能会随着各种参数的优化不断壮大。

原本理想的时代、梦想的时代和虚构的时代这三个阶段，各自都是作为前一个时代的反命题而出现的。最具象征意义的是1946年颁布的《日本国宪法》，这部宪法为日本创建了一个全新的社会。

但是，光凭理想是无法填饱肚子的。当时的日本还处于贫困之中，亟须提升经济发展水平和生活水平。因此，梦想的时代必须是一个经济高速发展的时代，同时也必须是产业技术的时代，因为产业技术是经济发展的基础。梦想的时代的象征就是"梦想的超级特快"（于1964年开通的当时全球速度最快的高速铁路东海道新干线）。

虚构的时代是消费的时代。在梦想的时代，产业技术的快速发展推动了"大规模生产"的诞生，同时，大众为单一化的高强度生产劳动所异化，这种异化感也折磨着大众。因此，消费也有了帮助每一个人解放其感性一面的意义。出生于战后的团块世代在虚构的时代还是20多岁的年轻人，他们就是当时通过消费解放感性的一代人。此外，在梦想的时代，大规模生产、大规模废弃给环境造成破坏，而到了虚构的时代，人们开始寻求真正美好的事物。

一般认为，虚构的时代的象征是东京涩谷的PARCO（1973年开业）。PARCO 凭借充满感性的广告风靡一时，可以说它既不是理想的时代也不是梦想的时代，而是虚无主义时代（一个故事的终结）的代表。

然而，虚构的时代作为消费时代的一部分，在泡沫经济破灭后开始走向终结。其间，发生了阪神大地震。1997 年山一证券与北海道拓殖银行的破产引发的金融危机，最终决定性地将虚构的时代推向了终结。接下来的 1998 年，在我的印象中，街道的风景都突然变得和以往不同。一个否定消费的时代开始了，这就是第四消费时代的开端。

消费不再是生活的一大目的。消费能让人感到地位有所提升、能活得有中产范儿、能让人接近上层社会……这些过去全社会共有的信念开始崩塌。这也是日本社会开始走向下流社会①的一个缩影。

在理想、经济增长的梦想、消费的快乐都开始出现衰退的时代，随之而来的，便是下流社会的心理倾向。所以，PARCO 的生意也日渐冷清。取而代之的是日本各地的郊外、国道路边冒出来的大型购物中心，但我并不认为购物中心的虚构性比 PARCO 更弱，也不认为它能解放人的感性。

如果说取代虚构的时代的是"魔法的时代"，那么"魔法的时

---

① 下流社会："下流社会"一词是三浦展在其著作《下流社会：一个新社会阶层的出现》中提出的，意为在全球化趋势下以及社会阶级的变动中，中流阶层渐渐失去其特征及优势并下沉为下流阶层的一群人。

代"的象征就是 1995 年开始发售的 Windows 95，或是 1994 年开始发售的 PlayStation[1]、2008 年出现的智能手机。

如果问"魔法的时代"在哪个方面对虚构的时代进行了颠覆，我认为应该是"魔法的时代"反对物质浪费。虚构的时代是繁华的消费时代，因此它必然也是一个崇尚物质的时代。在这个时代中，因为经济持续向好，就引发了物品和资源的浪费。但是"魔法的时代"是高度信息化的时代，也是数字化的时代，可能应该说是"超级高度信息化"的时代。与其说我们现在的生活正处于"从物质到信息"的转变过程中，不如说社会以及生活本身就是一个完整的"信息"。电视、音响这些大家电都被装进了小小的手机之中，年轻人通过手机沟通，越来越少的人外出前往真实的世界，因此买车的年轻人也减少了。在这个时代中，没有物质也是可以接受的，这就是"魔法的时代"对虚构的时代的某种颠覆。

生活的真实感

如上所述，在"魔法的时代"中，非物质性的消费成了主流。象征着这个时代的爆炸性商品恐怕非宝可梦[2]莫属，口袋妖怪们像飘荡的空气一样出现在街头，而全世界的人们拿着手机在街头追

---

[1] PlayStation：日本索尼公司推出的 PS 系列游戏机第一代，1994 年 12 月首发，2006 年 3 月停产，全球累计销售 10 249 万台。

[2] 宝可梦：也被称为"口袋妖怪"，是由 Game Freak 和 Creatures 株式会社开发、任天堂发行的系列游戏。

逐游荡。同时，为了在照片墙（Instagram）上晒图，人们不断消费着丰富的现实场景。手机每次发送或者接收数据并不需要一一付费，所以人们并不觉得自己是在消费。当然，这也不是我们常说的消费，在我看来这其实是对时间的消费。

为了在照片墙上晒图，人们需要拍摄有吸引力的东西或者场所，比如让人一看就垂涎欲滴的冰激凌、水果三明治、昭和咖啡厅①……拥有物品本身、进行消费不是目的，通过晒图实现与他人的沟通才是人们的目的所在，物品只是为了达成这个目的的工具。这也是通过手机这一媒介进行的"炫耀性消费"。

现在确实是"魔法的时代"，但同时也是一个虚拟的时代。正因如此，现代社会在某一方面其实也是"真实的时代"。在虚拟化的生活中，人们渴望生活的真实感，渴望现实事物带来的刺激。当然不是所有人都在追求真实，但至少有不少的人在寻求真实，并且这些人不只是想单纯地消费真实的东西，他们更想让自己成为真实物品的生产者。本章中的案例都有这方面的倾向。

比起脑力劳动，体力劳动更能让人获得现实生活的真实感。从事体育运动或体力劳动，最好是干农活这种与大自然打交道的体力劳动，更容易让人获得对生活的全面感受。相对而言，我觉得现在脑力劳动的重要性有走下坡路的迹象。

在日本经济最好的时期——20世纪80年代，日本的家电产品

---

① 昭和咖啡厅：充满昭和时代怀旧风格的咖啡厅。

在全球独占鳌头，但是日本人却被称作"看不见脸的人"，其中也有欧美国家对日本的调侃成分。然而，在日本产品不断丢失全球市场份额的今天，日本人的存在感却在不断增加。野茂英雄、铃木一朗、大谷翔平、锦织圭、大坂直美、松山英树、羽生结弦、浅田真央等，世界知名的日本运动员不断涌现。在美术、音乐领域，活跃于全球的日本人也越来越多。这才是让人开心、令人骄傲的事。

《日经MJ》每年的"热门商品排行榜"中，曾经有一年的榜首是铃木一朗。但哪怕是这样一件令人颇感意外的事，松下电器、丰田汽车、7-11便利店等企业都没能从中获取开发新商品或者打造新门店的启发。从这件事中我们可以看出"人"已经成了日本的热门商品。从某种程度上来说，这是一个象征着第四消费时代的现象。

另外，一个极具"魔法的时代"特征的现象，就是越来越多的人，尤其是年轻人，对性生活的兴趣日益减少。性行为能让人感受到身体的真实性，也可以给精神带来满足感，但越来越多的年轻人对此不感兴趣。人们为了获取对虚拟的平衡而寻求真实性，特别是寻求身体的真实性。然而，在"魔法的时代"中，人们却只觉得性生活会带来麻烦。关于这一点，我将在第三章中做一些讨论。

自己创造使用价值

随着环保意识的增强，人们过度批判商品的符号性价值的现象越发明显。但是，人类还没有高明到去过一种完全不过度生产商品、完全不消费商品的生活，几乎没有人期望再回到消费社会之前的那种社会。我们不能认为，物品只要有使用价值就可以，而完全不需要有象征性的价值、符号性的价值。只考虑使用价值的生活恐怕是极度乏味又潜伏杀机的。

例如，于我而言，玩抓娃娃机完全是一种浪费，但确实有人喜欢在游戏房中玩抓娃娃机，并把抓到的廉价玩具娃娃放在自己房间里。这种行为正是一种和使用价值关系不大的浪费行为，但是，它具有使用价值以外的功能——攒许多娃娃让人感到幸福。事实上，这类人非常多。如果对这些人说："别浪费钱在这些廉价的娃娃上了，去买高档的娃娃吧，或者不要买娃娃，去买一把锋利的菜刀也行……"这些话对他们来说都是多管闲事。

我想指出，自己创造使用价值，可以获得花钱买不到的满足感（当然，这也可能是我多管闲事）。我在最近这 10 年，尽量不买新东西而买二手货，或者二手货也不买，去别人的弃置物品里捡一捡。家里已经变旧的东西我不会扔掉，修一修继续用。

例如，在我的房间里放着曾经被人扔到垃圾站的工具箱，我把它捡回来改成了书架；我也可以把书架当餐柜使用；把放酒和瓷器的木箱当 CD 盒来使用；等等。物品的使用价值在不断转换。

我以前就喜欢买二手货，但自从养成了捡东西的习惯后，我去二手店时就会想：这东西其实啥时候都能捡着。于是我连二手货都不怎么买了。

袜子的脚后跟处磨坏了，于是我把袜子前段大约 8 厘米的部分剪下来，缝在 T 恤的胸前当口袋使用。我觉得挺酷的（自卖自夸）。

袜子的价值是穿在脚上，而不是作为口袋来使用。本身 T 恤胸前的口袋就更像是个装饰，以前可能还能放一包烟，现在变得几乎没有任何使用价值了。非要说价值，最多就是增加设计感这么一个符号性的价值。我把袜子缝在 T 恤胸前当口袋使用的照片发到脸书上，获得了许多人的点赞。如果我发的这张照片还能让大家减少一点点无用的消费，那就更好了。

如何靠捡来的东西生活

我家浴室里的椅子是我自己改装的，我从垃圾场捡了一把梯凳，从木材店花 100 日元买了厚实、干净的木板材边角料进行组装，组装好后看起来还挺有高级感的。木材边角料还剩了一块，于是我又花 2 500 日元买来了二手椅子的生锈椅腿，自己动手打造了一把原创的旋转椅。这把椅子有着浓厚的 TRUCK 家具^① 风格，我很喜欢。

---

① TRUCK 家具：由黄濑德彦与唐津裕美于 1997 年创立的家具店，强调素材的质感，用简单的设计打造能长期使用的家具。

CD盒、毛巾架、刷帚架、肥皂盒、牙刷架等，我们的生活中到处都是这种根据用途无限细分的商品。这些商品真的有存在的必要吗？毛巾完全可以直接放在洗脸台的旁边，肥皂可以放在用旧的小盘子里，墙上钉上钉子就可以挂牙刷。但我们深信这样做不好看、显得小气、不方便……于是买了许多不必要的东西。就连推崇简约生活的无印良品也推出了许多不必要的商品。如果无印良品的定位是现代民艺、禅宗美学，那就没有必要推出这么多日用杂货，还不如教人们利用好捡来的东西，或者告诉人们如何制作需要的东西。当然如果这么做的话，无印良品就没有生意做了，但我希望无印良品可以在这方面带给人们更多灵感。

这样看来，生产物品、建造楼房，又把它们毁掉的第二消费时代、第三消费时代，许多消费是"浪费"。我出生于第二消费时代，成长于第二消费时代，在第三消费时代最具代表性的公司从事市场营销的工作。我最近在深深地反思，当时真的是制造了太多的浪费。

探寻人生的意义

如前所述，"消费"这个词既包含了用尽的意思，也有使之完整的意思。超过必要程度的消费、用完就扔的消费，其实是浪费；用完后令人感到疲惫不堪、没有余力的消费则是消耗。

然而，如果不"消费"时间，我们就无法把时间过得快乐、充实。如果不适当运动"消费"体力，我们也无法维持身体健康，增强身体素质。所以，我们所期望的消费应该是为了将自己变得更完整、让自己得到恢复或者让时间过得更充实而存在的。

观察第四消费时代人们的活动，会发现他们不是在浪费或消耗，而是在寻求一种适度、恰当的消费。他们不会像恶作剧一般寻求新东西，而是珍惜已有的东西、旧东西。他们不会扔掉还能用的东西，而是加以有效利用。他们已经从"新东西比旧东西更好"的价值观中脱离出来。

"陈旧化"这个市场营销用语，让人觉得现有的东西是陈旧的、无趣的，人们必须购买新东西，这是消费社会的铁则。众所周知，把这件事有组织、有计划地开展起来的，是 20 世纪 20 年代的美国通用汽车公司。彼时，美国最受欢迎的车型是福特汽车的T 型车，但只有一款设计，所以消费者没有换车的理由。于是，通用汽车每两年改变一次车型，并且推出了从家用车到高端车的产品线，也正因如此，工业设计开始得到重视。消费者好不容易买到了自己喜欢的车，两年后却被通用汽车告知"你的车已经陈旧了"。所以消费者不停地买、买、买，却永远也无法获得满足。这样的虚无感正是消费社会的宿命。

马克斯·韦伯曾经说过，中世纪的农民认为人生是一个有机的圆环，人在完成这个圆环后在满足中死去，但是现代人做不到这点，现代人在对人生感到疲倦中死去（《以学术为业》，1919 年）。

之所以这么说，是因为在文明社会里新事物接连登场，旧的东西不断被人遗忘，这样的社会中根本就不存在"完成"，所以死变得毫无意义。无论活多久，人生都无法完整，只能以半途而废告终。如果死没有意义，那么生也就失去了意义。因为如果人生终点不具备意义，人生本身的意义也会消失。虽然韦伯不是在论述 20 世纪的消费社会，但可以说 20 世纪的消费社会完美印证了韦伯"预言"的社会。

人们如果要感知人生的意义、死的意义，那么就算无法完全脱离新事物和新信息不断涌现的消费社会，也应该尽量与之保持一定的距离。消费本身并不是对时间和人生的消耗，而应当是对充实的时间和人生的追求。

人们最大的消费对象其实就是人生，所谓的终极消费就是人生的成就。是把一生浪费在无用的事情上，还是不断消耗以致精疲力尽，抑或是充实地度过一生，心满意足地死去？这是人类要面对的最大的问题，也是第四消费时代人们开始思考的问题。

"开心"与"喜悦"

在思考消费社会的价值观、幸福观的过程中，我突然想到了一件事：比起"某件事让人感到开心"，现代的消费者似乎更加看重"因为某个人感到喜悦"。

"喜悦"和"开心"，看起来是非常相似的两个词。我们可以说"我今天在路上突然碰到了大学的同学，然后我们去咖啡厅喝咖啡、聊天，非常开心"，也可以说"我今天在路上突然碰到了大学的同学，然后我们去咖啡厅喝咖啡、聊天，我们非常喜悦"。区别在于"开心"的着力点是在喝咖啡、聊天，而"喜悦"的着力点则是和同学相遇，能一起做一些事。这种语义上微妙的差异，正是第三消费时代和第四消费时代价值观上的差异。

又比如说，"今天去市场买菜，老板送了我一样蔬菜，我真的好喜悦""今天去逛街，店老板认真地给我介绍了我想买的商品，我感到喜悦"。与人相见、沟通，会让人感到"喜悦"。

被人认可，也会给人带来喜悦的感觉。被人理解、被人认可时，自己会感到"喜悦"。难过时、低落时，有人愿意听你倾诉，也会让人感到"喜悦"。也就是说，"喜悦"的根源是"被爱"，是自己的存在被别人接受。

换个说法，这种"喜悦"来自他人的"亲切感"。"亲切感"是一种"利他"。如果别人对你很亲切，你当然会觉得喜悦。然而，当今的时代是一个缺乏"亲切感"的时代。工作手册上的礼貌用语让人听得耳朵起茧，但让人感觉不到一丝"亲切感"。

看看20世纪50年代以前的日本老电影，就可以知道当时的日本的"亲切感"有多浓厚。人们说的每一句话，几乎都由充满亲切感的语言构成。

"你好啊。"

"哎呀，欢迎欢迎，稀客呢。"

"不是啦，刚好来这儿附近，就想着说你最近怎么样了……"

"哎呀，太不好意思了。"

"你呀，一阵子不见越来越漂亮了呢。"

"是吗，谢谢。"

"哎，小×在家吗？"

"今天去学校了，傍晚才回来呢。"

"这样啊。好吧，那我先回去了。"

"欸，刚来一会儿就走？"

"我待不到傍晚了。"

"好吧，太遗憾了。"

……

过去，人们有固定的模式说出这些充满亲切感的语言，而每个人都按照这个"对话范式"来对话。现实可能和电影不同，但即便是在现实中，恐怕过去人们的交谈也会比现代人的更加顺畅。我父母的说话方式也是如此，日常对话基本上都有固定模式，就算要客气几句也要让对方高兴。

对于今后的商业来说，如何为消费者提供"喜悦"，这个问题一定会重新摆上各家企业的桌面（这才是真正为客户服务的经营之道）。为此，每个员工必须要有自然生发的"亲切感"。

在我家附近有一家日式点心店，售卖大福、应季的柏饼、樱饼等。这是一家令人快乐的商店，里面的人只是默默不语、专心做着各种糕点。虽然这家店不是那种热闹欢腾的商店，但是他们的糕点极其美味，店内萦绕着温热的蒸汽和甜美的香气，你也能看见糕点师在专心地制作一个个糕点……在这家店购买糕点本身就令人喜悦。

接受悲伤

第四消费时代之前的焦点是"物"，而第四消费时代的焦点则是"人"。在第四消费时代，人们看重的不是消费了什么，而是和谁一起，遇见了谁，谁是怎么制作的，从谁那里怎么买到的，因此而高兴。

事物带来的快乐固然重要，但是因为与他人产生链接而发自内心地喜悦是难以伪装出来的。在圣诞节、万圣节、情人节的时候，我们很容易将店里装饰一番，并表现出开心的样子；但是，要想感到喜悦，必须有一个让你变得喜悦的人才行。孩子笑了，父母感到喜悦；女朋友笑了，男朋友感到喜悦。这是一种充实的情感。

悲伤得到排解时，人也会感到喜悦，就像如果有人倾听你的烦恼，你会感到喜悦。日本的老龄化程度持续加深，人们既要接受喜悦，也要接受悲伤。我们需要创造更多人与人的链接，从而将喜悦不断地放大。

日本政府的国土交通省①在对地铁站周边进行二次开发时经常使用"创造出繁华"这个词，而我非常讨厌这种表达。在一个

---

① 国土交通省：日本政府部级单位，相当于我国的交通运输部。

繁华被创造出来的街区中，我们可以描绘出洋溢着快乐的场景，但在这样的街区里，却没有烦恼、悲伤的容身之处。过去老旧的"喫茶店①"、居酒屋、日式酒吧等地方与其说是让快乐加倍的地方，不如说是在人们低落时帮人们接受悲伤、重新找回自己的地方。但是在城市的二次开发中，这些地方被认为是老旧的、没落的、肮脏的场所而被强行拆除。所以这样的二次开发，无非是消灭了"属于人类的地方"，最终只剩下消费的机器人横行霸道。

书店、二手书店、蔬菜店、水产店等要想在今后存活下来，就需要转变成为人服务的业态，转变成让顾客感到喜悦的店铺，转变成顾客觉得难过时想要在此停留的店铺。能应对人类感情、充满个性的店铺才能生存下去，或者说今后这种必要性会不断增加，这样的店铺会不断涌现出来。

千篇一律的连锁经营很难打造出让人感到喜悦的店铺。自助收银越来越普及，也许十分高效，只要扫描商品条码，就能即时自动结算。但只有让人感到喜悦、充满亲切感的门店，能接纳悲伤的门店，才是更能让顾客花钱的门店。我们应该会进入这样的时代。

我的一位女性朋友在她生活的町田市②的市议会议员选举中，第一次参选就成功当选。她的竞选口号是"让町田这个城市更加

---

① 喫茶店：喫，吃的异体字；日本的喫茶店不同于中国的茶馆，一般指创办于大正、昭和归期，具有日本时代风格的咖啡轻食店。

② 町田市：东京都下属的一个市，位于东京都西部。

令人喜悦"。一般的选举，口号要么是"快乐的城市"，要么是"繁华的街区"。但她因为读了我写的《第四消费时代》，选择了"令人喜悦的城市"这个口号。我想，这句口号意味着她想在町田这座城市实现的不是物质的富足，而是人与人之间的关系更加紧密。我想她一定会打造出一个能够接纳悲伤的城市。

我想要打造一个市民从制定政策的最初阶段
就可以畅所欲言的城市
町田市议会议员秋田史津香

我本来并不关心政治，日常生活也没有什么让我不满意的地方。平时的生活就是以工作为主，也不参加当地的活动、家长教师协会（Parent-Teacher Association，简称 PTA）的活动。

但是这事可能得怪三浦先生您了。我有一位在小学工作的女性朋友 U 女士，她在 2017 年底听了三浦先生的演讲，演讲中您提到男女老少可以一起吃饭的场所非常重要。她深受启发。立即决定租下空店铺开一家小餐厅，而我就被叫去帮忙。这个小餐厅吸引了当地的 100 多人前来帮忙，许多人都说喜欢这座城市、想把这座城市变得更好。我才发现原来有这么多人为了自己居住的城市，为了孩子们愿意出这么多力。

我在当地的朋友越来越多，并发现原来和别人产生链接是这么快乐、这么令人开心。能了解自己的城市、了解城市里生活的人，我感到非常快乐。

后来，我还被推举当上了小学的PTA会长，但是我遇到了非常严重的问题。我发现教育委员会以及市政府不愿意与我们真诚相待，不愿意倾听家长和孩子的声音。我发觉其中存在很多问题。在PTA之外，我对市政府的政策落地方式的疑问也日益增多。

所以在竞选中，我提出的口号是：让町田成为令人喜悦的城市。

"喜悦"是什么？许多努力工作的男性对此提出了疑问。但是如果对他们解释说这样就是快乐的事情，而这样是喜悦的事情，他们会说"啊，原来如此"，并表示出理解和接受。我发自内心地希望，把我们的城市打造成一个令人快乐和喜悦的城市、人与人可以产生链接的城市。让人们发现，原来养育孩子是这么快乐、这么喜悦的事啊！老年人都生机勃勃，多么快乐啊！

在竞选中，我和我的家人都感染了新冠病毒，所以只能请U女士代我去做街头演讲。我通过视频会议平台来表述我的政策。

事实上，在政府的政策中，包含了关于打造快乐的城市、打造充满文化氛围的城市的内容，但是市民们却对此表示怀疑：这些事做了会怎样？做了又会让谁感到喜悦呢？我发现自己作为推进政策的一方，在推进政策时没有认真倾听市民的声音。制定政策是政府的工作，但是政府在制定完政策以后，以听取公众反馈的方式让市民参与，这种做法我无法认同。

我想让市民与政策制定者有更良好的链接，彼此可以更加轻松地对话。总之，我想倾听更多普通市民的声音（见图2-1）。我想打造一个市民从制定政策的最初阶段就可以畅所欲言的城市——町田。

图 2-1　秋田史津香

单身社会中的照料市场

单身化

共享型生活越发普及的背景之一，是单身率（未婚、丧偶、离异或单身家庭）的增加。根据日本国立社会保障与人口问题研究所的预测，2040年日本男性的终身未婚比例将达到29.5%，而女性将达到18.7%（这里的终身未婚，指到50岁时还没有结婚）。

此外，1955年出生的女性50岁时的离婚率（结过一次婚的人中离婚的人的比例）为18.4%；1970年出生的女性35岁时的离婚率就已经超过了18%。按照这个趋势，可以预计1990年出生的女性50岁时的离婚率将高达39%（岩泽美帆《初婚离婚的趋势与对出生率的影响》，《人口问题研究》2008年12月刊）。

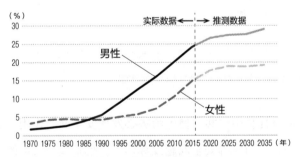

图 2-2　终身未婚率的变化

注：2010年前的数据源自《人口统计资料集（2015年版）》；2015年之后的数据源自《日本家庭数的推测》，取45～49岁的未婚率与50～54岁的未婚率的平均值。

也就是说，1990 年出生的女性，在 50 岁时还有 23.5% 的人没有结过婚，而其余 76.5% 的人中的 39%，也就是整体的 29.8% 是离过婚的。换句话说，加起来一共有 53.3% 的单身家庭要么是单亲妈妈，要么是中年啃老单身族[①]。如果把丧偶的人口也加进去，单身家庭的比例还会更高。六七十岁的人中离婚、丧偶的人口还会更多，所以单身人数会越来越多（见图 2-3 和图 2-4）。因此，可以说每一个年龄段的单身化都在不断扩大，日本将会进入一个全面单身社会。

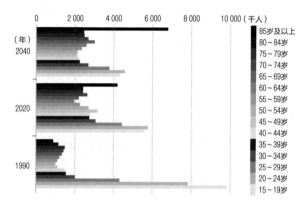

图 2-3　未婚、离婚、丧偶人口的实际情况及预测

资料来源：日本国立社会保障与人口问题研究所。

在单身社会中，共享型生活势必发挥安全网的作用，不仅仅是针对防盗、防灾等安全问题发挥作用，也是整个人生的安全保

---

① 啃老单身族：毕业后与父母同住、在基本生活上仍然需要父母支持的未婚者。这个概念最早由山田昌弘于 1997 年提出。

障，共享型生活届时将不可或缺。

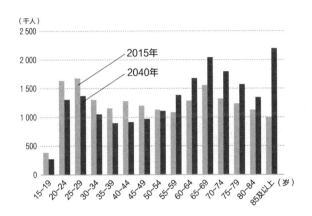

图 2-4　各年龄段单身家庭的实际情况及预测

资料来源：日本国立社会保障与人口问题研究所。

此外，啃老单身族的"老龄化"将成为今后的一大社会问题
（见表 2-1）。就像平时我们说的"8050 问题""7040 问题"一样，
啃老单身族步入中年，而他们的父母则成了高龄人群。70 ~ 80 岁
的父母还要照顾已经 40 ~ 50 岁的孩子。父母生病、过世了，啃老
单身族该怎么办呢？这些中年人能照料自己的父母吗？这些问题
会引发社会问题，如日本农林水产省的原事务次官①杀死了 40 多
岁、无业在家的儿子的事件，我至今记忆犹新。

1990 年，啃老单身族在 35 ~ 44 岁的人口中占比不到 5%，但

_____

① 农林水产省的事务次官：农林水产省为日本政府部级单位，其事务次官为日本行政机构
里的官职，是日本普通公务员序列的最高等级。

是到 2015 年这个比例却上升到了 17%。而且 35 ~ 44 岁的啃老单身族的失业率也很高，45 ~ 54 岁的啃老单身族的失业率比同年龄段的整体失业率高出 3 倍之多。

表2-1　与父母同居的未婚人数的变化

单位：万人

年龄段	1980 年	1985 年	1990 年	1995 年	2000 年	2005 年	2010 年	2015 年	2016 年
15 ~ 59 岁	1 161	1 792	2 099	2 083	2 119	2 083	2 058	1 970	1 930
15 ~ 19 岁	732	821	918	757	679	592	563	540	535
20 ~ 24 岁	481	532	613	666	571	512	476	423	421
25 ~ 29 岁	246	243	310	345	435	400	355	311	298
30 ~ 34 岁	91	105	118	138	195	258	232	198	191
35 ~ 39 岁	25	50	69	73	97	134	181	162	146
40 ~ 44 岁	13	18	43	51	62	79	114	146	141
45 ~ 49 岁	10	9	16	35	43	48	64	95	101
50 ~ 54 岁	8	8	9	11	26	36	43	62	58
55 ~ 59 岁	5	6	3	7	11	24	30	33	39
男	850	940	1 130	1 110	1 147	1 129	1 122	1 072	1 044
15 ~ 19 岁	374	411	470	390	346	304	285	276	269
20 ~ 24 岁	239	258	304	327	280	259	242	211	210
25 ~ 29 岁	160	148	179	191	242	211	190	166	151
30 ~ 34 岁	59	75	82	87	116	150	131	114	112
35 ~ 39 岁	13	31	52	49	63	83	109	93	89
40 ~ 44 岁	5	9	29	36	45	50	75	89	87

年龄段	1980 年	1985 年	1990 年	1995 年	2000 年	2005 年	2010 年	2015 年	2016 年
45～49 岁	3	4	9	21	32	32	42	60	65
50～54 岁	2	2	4	6	16	25	29	40	36
55～59 岁	1	2	1	3	7	15	19	23	25
女	755	852	969	973	972	954	936	898	886
15～19 岁	358	410	448	367	333	288	278	264	266
20～24 岁	242	274	309	339	291	253	234	212	211
25～29 岁	86	95	131	154	193	189	165	145	147
30～34 岁	32	30	36	51	79	108	101	84	79
35～39 岁	12	19	17	24	34	51	72	69	57
40～44 岁	8	9	14	15	17	29	39	57	54
45～49 岁	7	5	7	14	11	16	22	35	36
50～54 岁	6	6	5	5	10	11	14	22	22
55～59 岁	4	4	2	4	4	9	11	10	14

注：各年数据均为 9 月的统计数据。

资料来源：日本总务省统计研究研修所，西文彦《与父母同居的未婚者的近况》，2017 年。

同时，单身家庭也在不断地中老年化。2015 年 53% 的单身家庭年龄超过了 50 岁。到了 2040 年，单身家庭将超过 1 994 万户，其中 66% 的人口年龄将超过 50 岁。中老年单身人数越来越多（参考拙作《中老年单身人群将撬动日本》），我们可以用"一亿总单身①"来描述这种状况。

生活照料市场

近年来社会各方都开始关注"照料"（care）。人们不只是关注对病人和老年人的照料，未成年人为家庭成员提供照料也成了一个社会问题②，除此之外，从社会性别差异角度出发的照料理论书籍也在日本相继出版。虽然本书并不打算对当下的照料理论进行梳理总结，但毫无疑问的是在老龄化不断加剧的背景下，如何为人的心理和生理提供照料已经是一个不得不面对的问题。

《第四消费时代》一书的重点是共享，较少涉及照料问题，但在《团块二代的 1 400 万人即将成为核心市场！》一书中，我提出"单身社会"引发的"生活照料市场"将成为快速发展的市场。现在重读这本书，发现书中的内容比我想象的还要完美地印证了当下这个时代。

我对共享的思考始于 2002 年在博报堂研究开发局研究"共费社会的诞生"的时期，同时开始思考照料问题，但当时我并没有

---

① 一亿总单身：来源于"一亿总中流"一词。日本约 1.2 亿人口，一亿总中流意指绝大多数国民都进入了中产阶级。这里用"一亿总单身"来表示绝大多数日本人都会成为单身家庭。

② 根据厚生劳动省未成年护理人的调查，在小学 6 年级的学生中回答"我有家人需要照料"的占 6.5%。照料的频率为"每日"的占 53%。工作日中平均 1 天花"3 ~ 7 小时以内"照料家人的孩子占 23%。为了照料家人"无法保证自己的时间"的占 15%，"没有学习的时间"的占 8%，"没有睡觉的时间"的占 7%。在大学 3 年级学生中，有家人需要照料的学生占 6%，曾经有过家人需要照料的占 4%。照料的对象为"母亲"的多达 35%。（《日本经济新闻》，2022 年 4 月 8 日）

把共享和照料联系起来。写完《第四消费时代》之后，我才恍然大悟：原来对照料的共享才是最为重要的事情。

当时我认为"单身社会"引发的"生活照料市场"会进一步发展的原因有 3 点：

1. 老年人等需要社会福利提供照料的人将大幅增加。

2. 曾经以年轻人为主的单身人群（独居者）将逐步进入中老年，这也意味着对照料的需求将增加。

3. 在现在的家庭中，工作的女性不断增加，传统的家庭妇女越来越少，这就要求家庭成员要尽可能地自己照顾自己。换句话说，在此之前妻子（母亲）扮演了为丈夫、孩子无偿提供照料的角色。

日本有"1955 年体制"一说。1955 年自由党和民主党合并成现在的自民党，此后日本不断推出以经济发展为中心的政策。这是一个在经济上实现快速发展、在消费上以美国式的大众消费社会为目标的体制。从原来封建家长制的大家族解放出来的国民成为年轻的劳动力，他们汇集到城市中，工作、结婚、生两三个孩子……形成标准的核心家庭。这样的核心家庭也是当时消费的基本单位，随着家庭的发展，购物、消费需求攀升，带动了企业收入的增加。全国经济腾飞，而这些财富又被相对均衡地分配给了国民，因此家庭更加富裕，形成了中产阶级，进一步推动了消费的扩大，如此这般逐渐形成了大规模生产、大规模消费的体系

（请参考拙作《"家庭"与"幸福"的战后史》）。

在此过程中，男性工作挣钱、女性作为全职家庭主妇料理家事、养育孩子，这样的性别分工逐渐得到了强化。家用电器、化妆品、洗涤剂等商品的广告描绘出美丽又爱干净的家庭主妇的形象，而广告中的男性则是喝了营养饮品后奋发工作、潇洒驾车的形象。

从家庭照料到社会照料

一说到"照料市场"，人们一般都会想到与福利相关的市场，但这里所说的"照料市场"的含义要广泛得多。以减少或消除消费者日常生活中所感到的各种不安、不满为目的的商品和商业构成了照料市场。

例如，最近日本儿童食堂的数量急剧增加。从非营利组织法人"全国儿童食堂支援中心 Musubie"的调查来看，2016 年全日本有 319 家儿童食堂，但 2020 年已经增加至 5 086 家。刚开始儿童食堂只是为了让低收入家庭、父母在外工作晚上无法回家的家庭、单亲家庭的孩子晚上可以安心地吃上一顿晚餐。但最近情况发生了变化，有些收入不低的非单亲家庭，父母双方都忙于工作，没时间照顾孩子，让孩子一个人吃饭的情况不断增多，这推动了儿童食堂的数量急剧增加。我认为这也是一种照料市场。

女性不再局限于结婚、生子、做全职主妇的人生轨道。不仅是选择独居的女性在增加，结了婚的女性的行动也逐渐个人化。

全国上下的个人化不断发展（即使是和父母、兄妹一起生活的未成年人），消费也会更加朝向个人型消费发展。这就是我提出的"单身社会"。所以当我们进入单身社会后，我们应当思考人们到底需要什么？

家庭其实是个照料型组织。如前所述，在 1955 年体制下，丈夫、父亲负责经济上的照料（挣钱），而做饭、卫生管理、生儿育女的照料则是妻子、母亲的职责。丈夫每天下班后疲劳归家，妻子为他做一顿美味的饭菜帮他消除疲劳、帮他放水泡澡、给他揉揉肩膀……我们可以说这是理想中的家庭主妇的照料职责。

打扫房间、洗衣服是卫生管理，也可以视作对财产的照料。如果祖父母还健在，往往也要求家庭主妇为他们提供照料。尤其是最近几年，爷爷奶奶、外公外婆的护理也开始要求家庭主妇来负责了，主妇们的照料工作明显达到了极限状态。

近几年，日本的儿童受虐事件增多，可能是因为父母拒绝为孩子提供照料。可能到了一个夫妻之间、父子之间都无法良好地相互照料的时代，所以，人们只能转而寻求家人以外的其他人的照料。

家庭主妇提供的照料

以前，家庭主妇承担着重要的照料职责，但是，当社会从以家庭为中心转向以个人为中心时，谁都不再拥有随时能给自己提供照料的人了。说一声"喂！茶"，立刻就会有人给你端上一杯美味的茶水，这已经是昭和时代的久远往事。而现在，"喂～茶[①]"只是一种瓶装茶饮料的名字。年轻人可能不知道为什么这款茶饮料要取名为"喂～茶"，它可能为了让爷爷奶奶们想起曾经那句"喂，给我一杯茶"吧。

　　独居的人自不必说，哪怕是和家人一起生活的人，个人行动越来越丰富，最终还是需要自己来照料自己。后背痒了，没人帮你挠；感冒了，没人去药店帮你买药。就算是夫妻二人一起生活，也不是每对夫妻关系都那么融洽，妻子往往也不会像照料孩子那般细致地照料丈夫。在部分家庭中，丈夫肩膀痛了也不好意思开口跟妻子说"帮我揉揉"，自己花点钱去按摩店或者干脆买个按摩器更方便。对于做饭也是如此。给家人做饭是最基础的照料，但就算是和孩子一起生活的母亲，等孩子稍微长大一些还愿意继续给孩子做饭、关心孩子健康的母亲，现在也比过去少了。

　　本来应该由家庭主妇承担的照料职责，变成了由个人花钱从外面购买的服务。在家喝的茶水变成了瓶装饮料，人们去大户屋[②]这种提供"妈妈的味道"套餐的普通餐厅吃饭，全家便利店的熟食打上了"妈妈食堂"的名字，便利店竟然变成了母亲！我曾经用"便利店妈妈"一词来形容这样一个时代（《新人类要为人父母

---

① 　喂～茶：お～いお茶（OIOCHA），伊藤园公司推出的一款茶饮料。产品名称使用了"喂！茶"的谐音。

② 　大户屋：日本的一个家庭餐厅连锁品牌，主要提供日式套餐。

了 》，1997 年)。

这样一来，过去（主要是 20 世纪 70 年代末之前）应该由家庭主妇承担的照料职责，变成了由个人花钱购买的服务，这自然就催生出一个巨大的"生活照料市场"。

照料将成为成长型市场

2001 年，庆应义塾大学的岛田晴雄教授（时任）提交了小泉内阁经济财政咨询会议《关于以服务行业扩大就业为战略的经济活性化专门调查会》的紧急报告，并基于此报告出了一本书《光明的结构改革》。

岛田教授主张从生活者的视角来创造产业，与生活紧密相关的产业将成为今后的成长型产业，并且他以"服务产业将打造全新的日本"为题，对今后日本所需要的服务产业提出了几点建议：

1. 面向单身家庭的专家型服务。

2. 教育服务：终身教育、在职教育。

3. 面向企业团体的服务：运用 IT 技术的服务。

4. 住宅相关的服务。

5. 养育孩子的服务。

6. 老年人照料服务。

7. 医疗服务。

8. 法律服务。

9. 环境服务。

虽然岛田教授只在对于老年人的服务中使用了"照料"一词，但其实所有服务的共通之处就是"照料"，养育孩子、医疗都是照料。此外，面向单身家庭的专家型服务，其具体内容是资产运用与医疗信息服务。无论是财产、健康、知识性资源，还是作为未来社会资源的孩子，要想使其获得良好发展，照料必不可少。我们需要在各种场合为其提供关照、支援、治疗、关心的服务。

岛田教授对住宅相关的服务也抱有很大的期待。在此之前，日本对建筑更偏向于拆旧建新，人们只关心新房的建设。但岛田教授认为，今后日本人口数量下降，同时还要考虑环境问题，更应该关注如何有效盘活现有的住宅资源。使用耐久性强的建筑物框架结构，必要时还可以使用能自由调整房型的SI[①]施工方法。

岛田教授所说的SI施工方法，在那之后立即受到了旧房翻新行业的关注，现在已经发展成为一大产业。2002年人们购房时还是首选精装修完的新房，但在现在购买二手房进行翻新已经非常普遍。

过去，人们普遍认为东西坏了买个新的更便宜，但现在则认为旧东西坏了也不用着急买新的。比如，家里一台电视坏了，但还有另外两台可以用，完全不需要着急再去买一台新电视。要买

---

① SI：Skeleton & infill 的缩写，一种将建筑物的框架（skeleton）与内装、设备（infill）分开施工的方式。

也可以去线上二手交易平台买二手电视。

服装也是如此，起初人们都觉得衣服很珍贵，破洞了、开口了，缝一缝继续用。但后来，人们变得有钱了，衣服旧了、坏了就不要了，并且不断购买新衣服。然而现在，买新衣服已经无法让人们感到满足，所以有人买二手衣服，自己加工，自己花费时间和精力在一件旧衣服上，这样反而让人感觉到了快乐。

近些年，日本开始流行织补。所谓织补就是对衣服进行缝补、修理。这本来是过去的女性每天都在做的事情，但现在却变成了一种流行的兴趣爱好。这种现象完全就是"再生活化"。通过织补加工衣物，而不是坏了就扔，这很环保，符合可持续化发展的理念。买一件二手衣服，然后对它进行织补，也可以感受到以前的主人对这件衣服的情感，在某种意义上这也是一种共享。

共享照料的市场与机会

3个老年人养活1个年轻人

从人口结构变化的角度出发，我曾经提出过"3个老年人养活1个年轻人"的提案，这个提案也是《第四消费时代》中最令人关注的一点。

为了在第四消费时代中生存下去，人们需要改变很多原有的想法。例如，2035 年时日本 20 多岁的人口约有 1 070 万人，但 65 岁以上的人口将达到 3 780 万人。1 个年轻人要对应近 4 个老年人。[①]

如果反过来让 3 ~ 4 个老年人养活 1 个年轻人，这是否可行呢？从社会保障的角度来看，确实是需要 1 个年轻人支撑 3 ~ 4 个老年人，但在其他方面，也可以是 3 ~ 4 个老年人支撑 1 个年轻人，形成相互支援。如此一来，年轻人的负担和得到的帮助就可以相互抵消。这种逆向想法其实就是"共享照料"。

例如，一个收入不多的年轻人，为了工作和学习需要在城市里租房，但房租负担太重。与此同时，又有很多在距离市中心不远处有地有房、独自生活的老年人。这些老年人可以腾出一间空房间免费租给年轻人。隔壁的老奶奶可以给年轻人做饭，比起只给自己做饭，老奶奶也会更有干劲。隔壁的老爷爷年轻时在大企业工作过，他可以发动自己的人脉关系给年轻人介绍工作或介绍对他工作有帮助的朋友。如果能帮到年轻人，老爷爷也会觉得很开心吧。

反过来，年轻人可以帮老人去购物、照顾老人如厕，还可以教老人使用电脑和智能手机，可以为老人提供很多帮助。这样一来，其实不用花什么钱，3 个老年人和 1 个年轻人都可以解决生活中的许多不便之处、感受到生活的意义、顺利完成工作。年轻人

---

① 由日本国立社会保障与人口问题研究所推算。

和老年人相互分享自己能做的事情、自己拥有的物品，相互补充对方缺乏的东西，就可以共同实现自立生存。

其实这些场景在巴黎已经实现，2022 年在京都也得到了实现。本书附录中提到的 SHARE 金泽就是一个例子，美术大学的学生以低廉的租金租住在带有画室的房间里，同时他们给社区里的残疾人、老年人提供相应的帮助。

从共享住宅到共享小镇

基于以上认知，企业、政府、市民在第四消费时代可以参考以下做法：

1. 在生活方式、商业、城市建设等方面，社会整体转变为共享型。

2. 人们让渡一部分对隐私的保护，推进公共型社会的形成。

3. 培育当地独特的魅力，让年轻一代享受地方社会的优势，愿意在当地工作、生活。

4. 实现从关注金钱到关注人、从关注经济原理到关注生活原理的转变。

每一户人家都逐步打开自己的家门，那么城市就会慢慢变为共享型的城市，我把这种状态命名为"共享小镇"。当共享小镇实现后，共享社会也会得以实现。

家作为共享住宅不仅可以向个人开放，也可以对城市开放。

空着的房间、不用的茶室、庭院等，人们认为可以拿出来共享的东西都可以向不特定的人群开放。作为最代表个人隐私的"家"，哪怕只是拿出一部分向他人开放，私密的空间就将转变为公共的场所。

一个共享的举动是一个点，从点到线，从线到面，最终共享覆盖整个城市。这样的公共性不是由政府、官方主导的，而是由一个一个市民一点一点向他人让渡隐私而形成的公共性。这正是"新公共性"。在本书的附录中，读者应该能感受到大量"新公共性"的存在。

共享与公共性

如果市民承担了公共性，行政的负担就会减轻很多，市民的成长将会是一件好事。

然而，这种情况对于企业来说就不是好事了。扔旧买新的消费者减少，有效利用已有的物品并创造出新价值的人增加，那么企业就无法销售商品了。听我讲完关于共享的话题后，许多企业开始担心商品卖不动了。比如，曾经有汽车企业的人跟我说："三浦老师，共享当然很好，但是这样一来汽车就卖不掉了！"有趣的是，他也告诉我说他们公司内部正在传阅我的书，这不就是在"共享"图书吗？人通常是站在自己的立场思考。企业都乐于通过共享降低成本，甚至相互竞争的企业也会共享物流。共享经济的标志性企业 Uber[①]，说到底就是运输的共享。

共享物流只能帮助企业降低成本，当然成本下降也许也会给消费者带去一些好处，但这和我所说的共享社会基本上没有关系。我所说的共享是更加具有创造性的共享。人口数量不断下降，将商品分别售卖给一个个消费者的商业模式就算暂时能维持，早晚也要面临销售额下降的问题，这种商业模式今后只能在亚洲、非洲的一些发展中国家实行。

然而，创造性共享可能只能在进入超级老龄化社会的日本进行开拓。不买住宅也不想住在开间公寓里的人们，选择住进共享住宅，或者购买二手房加以改造翻新。这其中的全新市场和机会显而易见，最近这 15 年共享住宅以及旧房翻新市场都取得了巨大的发展并逐渐发展成形。

从出售产品到提供照料

许多企业习惯了只是将产品生产出来卖给消费者的商业模式，对它们来说共享型的商业需要花费的时间、精力太多，利润空间太小。并且，这些企业的员工大多不喜欢做那些费时费力的工作。

我认为在共享型的商业中，女性发挥作用的机会将增多。男性（经济效率主义）更偏向于从事只是把产品生产出来卖出去的工作，而女性相对来说更擅长把产品生产出来后再进行"照料"

---

① Uber：美国的网约车平台。

的工作（一直以来人们期待女性从事这样的工作）。生儿育女正是一项相当综合性的照料工作。在日本崇尚工匠精神、有大量匠人存在的时代，男性也会修理机器、制作料理，也会做照料性的工作，但随着机械化、自动化的发展，在买一个新东西比维修旧物更便利的时代，男性工作中照料性的工作越来越少。

我并不是认为女性不用从事生产，只需要从事照料性的工作。在共享型的商业社会中，对生产出来的商品进行照料（维护、修理），商品卖出后要和购买者频繁地沟通（照料），发现新的需求并应对，这样的工作将变得尤为重要。因此，能够细心照料的人，他们发挥作用的机会可能将大大增加。擅长照料的男性也是顺应第四消费时代发展趋势的人。

我非常喜欢模拟音频设备，坏了也会修一修再继续使用。在网上搜一搜就能找到修理公司，我甚至找过冲绳的公司来修，也遇到过曾经在音响公司上班的人自己创业建立的修理公司。这些人在企业上班时，需要销售大量商品来创造利润，而修理工作不赚钱。但当他们退休后，仍旧喜欢音响、喜欢照相机、喜欢汽车、喜欢衣服，他们继续为这些产品工作。我觉得这样的生活真是太美好了。

风险社会

我还有一个观点，就是"风险社会"。英国社会学家安东尼·吉登斯（Anthony Giddens）写过一本书叫《第三条道路》（*The Third Way*），书中他提到现代社会是一个风险社会。

在现代的婚姻中，不仅男方可能出轨，女方也可能出轨；家暴的施暴方可能是男方，也有可能是女方[①]；离婚还有支付赔偿费的风险、成为单亲妈妈的风险；为了规避这些风险而戴上面具生活的风险……即使是和谐安心的家庭也有风险，养育孩子需要花钱、必须为对方年迈的父母提供照料等，生活中有太多的风险（请参考本书第三章）。

现代社会是一个信息化的社会，哪怕是离自己的生活很远的事情，也可能对自己的生活造成威胁。当然科技的进步让全日本，乃至全世界成了一个联系更加紧密的现代社会，地球另一端发生的事情明天可能就会来到自己身边。禽流感如此，新冠病毒感染疫情如此。对于那些发生在远方的事情，我们也不得不充满恐惧并加以应对。

各种恐怖袭击事件给我们的生活带来了巨大的影响，例如现在没有门禁卡我们连家都回不去。近几年影响最大的当然是新冠病毒感染疫情，整个日本社会都对此感到恐惧。一方面是对未知病毒的恐惧；另一方面我们也对生活受到的威胁变得异常敏感，而媒体还在不断地煽动这种情绪。

[①] 文化分析研究所的《中老年男性调查》（2010年）显示，离婚男性选择离婚的原因中："自己出轨"占15.7%；"妻子出轨"占11.3%；"妻子乱花钱"占14.8%；"妻子对自己施暴"占2.6%；"自己对妻子施暴"占2.2%。（三浦展《想与妻子分别的男人们》）

天气预报发布的预警信息也总是在强调风险，告诉人们明天暴雨、大雪，注意不要摔倒，河流附近的区域不断发出各种预警，实际上很多时候没有多大的雨雪。因为，如果天气预报未发布预警，但实际上又下起了暴雨或大雪，节目组就会被观众投诉。人们发现原来只用说一句"严重"就行了，因为对媒体来说，被观众投诉是最大的风险。

无论物质上得到了多大的满足（或者反过来说，正因为物质上得到了巨大的满足），对于未来，人们心中总是充满了不安，生活中的风险正给我们带来压迫感。对风险感到不安，正是当前阻碍消费的一大因素，但同时，也可以说对风险感到不安才是人们选择更加可靠和安全的消费的主要动力。

对于年轻人来说，一个令他们感到不安的问题就是将来到底能不能拿到足够的退休金。进入 40 岁后，人们担心自己的父母、配偶的父母生病、患上阿尔茨海默病，因此感到不安。如果有孩子，孩子的教育问题、孩子的将来也会带来各种不安。在收入方面，年功序列制 ① 已经被全面淘汰，所以人们不知道自己过了 40 岁收入还能不能继续增加。企业的报酬体系不断迭代，逐渐拉开员工之间的收入差距，同一批进公司的新员工之间的收入差距就能达到 2 倍以上。不结婚的人也有他们的不安，他们担心自己一

---

① 年功序列制：年功序列制是日本企业的传统工资制度，员工的基本工资随员工本人的年龄和工龄的增长而每年增加，而且增加工资有一定的序列，按各企业自行规定的年功工资表增加。

个人慢慢变老。

此外，法定的退休年龄也在不断延迟。政府承诺说，国民如果都同意 75 岁退休，那 75 岁以后会领到足够的退休金。也就是说，国家要求各位都健康工作到 75 岁，但是人们担心自己不能健康地撑到 75 岁。所以日本健康食品的消费者在过去 20 年呈现低年龄化的趋势（请参考拙作《被新冠病毒感染疫情加速的格差消费》）。

综合照料产业与综合风险应对产业

在风险社会不断发展的过程中，旅游、娱乐、徒步等时间消费、健康消费、治愈消费①的行业会得到增长。健康消费与治愈消费显然都属于照料消费，而时间消费其实也具有精神层面的照料和治愈的作用。

当然，作为健康之基础的食品相关产业，不用说它们会从单纯的食品制造企业转变为健康产业型的企业。日清食品②已经提出要成为“100% 营养食品”的企业。味之素③本来是生产化工调味品的企业，但现在要转型为健康创造型企业。在东京奥运会时大出风头的“运动员健康管理”也是味之素擅长的领域。在日本有

---

① 治愈消费：以治愈为目的消费，例如猫咖。

② 日清食品：日本最大的食品公司之一，由方便面的发明人安藤百福创立。

③ 味之素：日本的食品公司，也是味精的发明企业。

一座足球场被命名为味之素体育场，也许是想表明味之素是一个为运动员增强体质、管理健康的企业。今后一定会有更多各样的食品制造企业、糕点公司、餐饮企业等立志转型为健康创造型企业、健康照料型企业。

风险和风险管理很容易让人联想到国家安全威胁、严重的自然灾害，或者大企业的经营危机等大型事件。事实上，风险和风险管理存在于我们每一个人的生活中，比如健康管理、资产管理，风险管理的边界在不断扩大，人们不断把目光投向该如何减少、应对这些风险。

1987 年大型杂货店品牌"LOFT ①"在东京涩谷开业时，店内陈列了其他门店没有的、少有的杂货商品，宛如"世界杂货博物馆"，店内挤满了前来寻宝的高中女生。2002 年，LOFT 的顾客平均年龄是 30 岁左右，这批顾客仍旧是 1987 年涩谷 LOFT 开业时来的那帮高中女生。这帮人进入 30 岁后在 LOFT 购买的是被 LOFT 称为"健康杂货"的一类商品，比如皮肤护理、头发护理、指甲护理产品，还有枕头和按摩器等健康护理产品。这些"健康杂货"成了当时 LOFT 主要的收入来源，现在仍然如此。

被子、枕头与其说是床上用品，其实更接近健康杂货类商品。这些品牌邀请大谷翔平、浅田真央、三浦知良等运动明星代言，告诉消费者这些床上用品可以减少运动员身心的疲劳、帮助他们

---

① LOFT：日本知名的生活杂货连锁零售品牌，在上海、成都均有门店。

在赛场上活跃（见图2-5）。作为第三消费时代标志的PARCO也在心斋桥^①店里开设了健康医疗专区。从这些变化中可以看出，我们已经进入了一个所有商品都开始为顾客提供照料的时代。

图2-5　日本棒球运动员大谷翔平

注：图中文字的意思是"我最看重的是每日的睡眠"。
资料来源：西川官网。

和LOFT同样于20世纪80年代在涩谷开业的东急手创^②也曾经人气高涨，但现在已被日本CAINZ公司收购。也许东急手创当时应该朝着"东急健康"的方向调整业态吧。

20世纪80年代，Saison集团提出的"生活综合产业"一词在当时就受到了其他企业的称赞，但我认为今后的中心应该变成"综合照料产业""综合风险应对产业"。这是我在2002年时形成的

---

① 心斋桥：大阪的主要商业中心之一。

② 东急手创：日本知名的生活杂货连锁零售品牌。

想法，到今天也没有改变。

女性从"疗养倾向"到"强者倾向"

近年来，到健身房锻炼的人增加了很多，尤其是和 20 年前相比女性数量大幅增加。日本社会治安良好，所以夜晚也经常可以看到在街道上慢跑的女性。我认为这些变化都意味着女性从以前的"疗养倾向"转变为现在的"强者倾向"。

"治愈""疗养"这些词在 20 世纪 90 年代开始流行，现在也在被使用，主要是指为了缓解女性工作上的疲劳，或以美容为目的而出现的美体沙龙、温泉疗养等商业形态。

进入 21 世纪以后，随着女性的高学历化，和男性一样能在企业一线工作的女性越来越多，经常加班的女性也增加了，这导致很多女性进入了过去以男性为主的领域。其中之一就是女性开始到健身房健身，这不是疗养，而是要变得更强。女性想拥有强壮的身体从而获得和男性一样的工作（我最近反倒是被一些年轻男性说的"我被治愈了"震撼了，男性、女性在相互接近、同质化）。

我曾经认为心累就只是内心的疲惫，直到有一次在收音机里听到某个年轻女演员说："如果身体变得强壮，内心也不容易疲惫。"我当时并不相信她的说法，但后来又有一次，听到芭蕾艺术家草刈民代也说了类似的话。原来，为了让内心不疲累，我们最好有一个不会疲惫的身体，我也开始锻炼身体。

还有一次，我跟一个女性瑜伽教练聊天。她说跟她学习瑜伽的女性中很多人打算一个人生活下去。我心里一惊："果然如此！"女性想要一个人生活下去，放在今天不是奇怪的事情，但如果是在五六十年前，女性是不可能一个人生活下去的，必须要有男性的支持。看看当时的电影，就会发现类似的台词经常出现。

当然，女性要一个人生活下去就必须付出比男性更多的努力，比男性更努力学习，比男性更努力锻炼身体。这样的心理不断把女性（尤其是想在职场打拼一番的年轻女性）推向健身房和瑜伽房（关于女性健身，请参考拙作《暴露的女性，窥视的女性》）。三菱综合研究所生活者市场预测系统（mif）的数据显示，在25～34岁的女性中健身和练习瑜伽的只占7.5%，但在同年龄段年收入超过600万日元（约31.2万元人民币）的女性中占20.4%。

近20年来，日本多次遭受地震、台风等猛烈的自然灾害的袭击，这也推动了女性的强者化趋势。如果被埋在废墟下，至少要有爬出来的力气。为了照顾年迈的父母，女性也需要有足够的体力。现在是一个仅凭疗养已经不足以应付的时代了，今后我们需要让心理、身体、生活与人生全方位强大，并能为他人提供相应的照料。

第四消费时代常态化还是萎缩

陷入停滞的共享住宅

第四消费时代最大的特征是共享，其典型代表就是共享住宅。从 mif 的数据来看也是如此，在过去 10 年中选择共享住宅的人持续增加。我也做过相关研究，图 2-6 中回答"是"的人应该是在共享住宅中居住一年以上的人；回答"差不多是"的人是一年之中有几个月会住共享住宅的人。从图中我们也可以看出，20 ～ 29 岁的年轻男性、女性选择共享住宅的比例显著增加（只看未婚男女，数字也几乎一样）。但图 2-7 显示未来想住共享住宅的年轻人增长停滞。

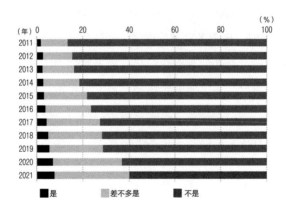

图 2-6　20 ～ 29 岁的人中居住在共享住宅的比例

资料来源：三菱综合研究所生活者市场预测系统（mif）。

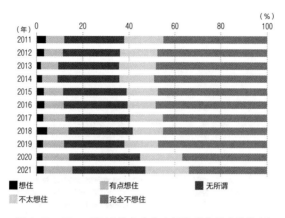

図 2-7　20 ~ 29 岁的人中将来想住共享住宅的比例

资料来源：三菱综合研究所生活者市场预测系统（mif）。

在日本建筑研究所 2014 年开展的"女性对租赁集体住宅的防范意识调查"中，对于是否想住共享住宅的问题，24 岁以下的单身女性选择"想住"的占 13%，选择"有点想住"的占 29%。而高中女生的母亲（40 ~ 44 岁）中，回答"想住"的占 10%，回答"有点想住"的占 30%。无论是未婚的单身女性，还是单身母亲，都差不多有四成的人对共享住宅表达了积极的态度。这个数字和现在 25 ~ 29 岁的人中有 6%"想住"，有 28%"有点想住"的比例，较为接近。

原本我以为人们选择共享住宅是因为它更经济实惠，但从 25 ~ 34 岁这个非学生年龄组来看，收入高的人反而更具选择共享住宅的倾向。从共享住宅的行业调查来看也是如此，新冠病毒感染疫情发生前选择共享住宅的人的收入呈现上升趋势。一开始主要是面向低收入人群的共享住宅，竟然成了高收入人群的选择（见图 2-8）。所以，光是经济原因还不太能解释这个现象。

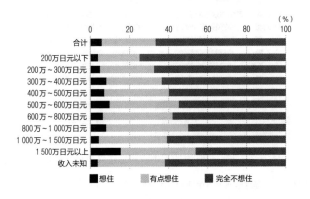

图 2-8　25 ~ 34 岁不同收入的人想住共享住宅的比例

资料来源：三菱综合研究所生活者市场预测系统（mif）。

同时从图 2-7 可以看出，关于对将来的打算，回答"想住"和"有点想住"的人的比例，从 2011 年到 2021 年基本上没有太大的增长。在一档以共享住宅为舞台的真人秀节目中，一位女职业摔跤选手毫无理由地被网暴，最后选择了自杀。这件事可能给共享住宅造成了很大的负面影响。从日本共享住宅联盟的调查来看，全日本共享住宅数量的增长在 2019 年后就陷入了停滞（见图2-9）。

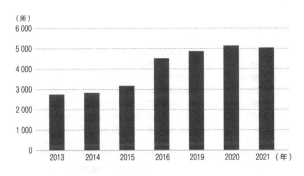

图 2-9　日本共享住宅数量的变化

注：2017 年和 2018 年没有进行市场调查。
资料来源：日本共享住宅联盟。

千篇一律的旧房翻新

和共享住宅一样，旧房翻新也是第四消费时代具有代表性的居住方式。人们不是购买新的东西，而是有效利用旧东西并赋予它新的价值。

在 mif 的调查中，对"是否居住在翻新住宅"的问题，20 ～ 49 岁的人中回答"是"的比例逐年增加，尤其是在 20 ～ 29 岁的年轻人中，回答"是"和"差不多是"的人，从 2011 年到 2021 年大幅增长（见图 2-10）。

但是，对"将来是否会住翻新住宅"的问题，20 ～ 29 岁的人中回答"是"和"差不多是"的比例，从 2011 年到 2021 年却呈下降趋势（见图 2-11）。

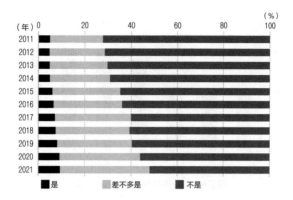

图 2-10 20 ~ 29 岁的人中居住在翻新住宅的比例

资料来源：三菱综合研究所生活者市场预测系统（mif）。

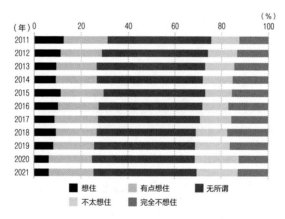

图 2-11 20 ~ 29 岁的人中将来想住翻新住宅的比例

资料来源：三菱综合研究所生活者市场预测系统（mif）。

一位相识多年的房地产经纪人朋友告诉我，现在对自己装修旧公寓还抱有兴趣的年轻人越来越少了，对他们来说，好像目前居住的房子就挺好。也许是使用智能手机的这代人对现实的居住空间不那么关心了，可能对他们来说，现实空间带给他们的快感比不上虚拟空间。

现在旧房翻新确实太过常见，没有了 15 ~ 20 年前的那种冲击力。想住翻新住宅的人都已经实现了愿望，住进去之后就不再对旧房翻新感兴趣了。旧房翻新本就是通过更加自由的创造力重新打造空间，但是近年来出现了许多为了翻新而翻新的情况，使得旧房翻新变得千篇一律。反过来说，对于现在的年轻人而言，好像这种千篇一律的从众主义正好合适。

所以像我这种脾气不好又固执的人，比起去住千篇一律的翻新住宅，我宁可去住 20 世纪 70 年代土气的老房子，这样反而更独特、更酷。就像过去的木质住宅，我们就这么直接住在四叠半①的榻榻米房间里，也毫无违和感；20 世纪 70 年代西洋化的土气公寓，我也不特意翻修就住进去，反而觉得挺有意思、挺有新鲜感的，也觉得心情愉快。

重视链接的人在减少

21 世纪第二个十年，具有第四消费时代特征的消费观和消费行为呈现减弱的趋势。第四消费时代最为重要的特征是重视人与人的沟通。但是，此时重视与家庭成员、邻居关系的人都有减少

---

① 四叠半："叠"是日本榻榻米的面积单位，一叠大约合 1.8 平方米，四叠半大约合 8.1 平方米。

的趋势，尤其是在 20 ~ 29 岁的年轻人中，这种减少趋势尤为明显
（见图 2-12 和图 2-13）。

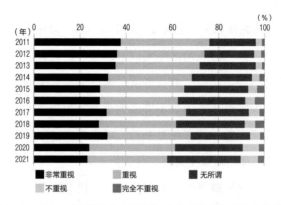

图 2-12　20 ~ 29 岁的人中重视与家庭成员的关系的人的比例

资料来源：三菱综合研究所生活者市场预测系统（mif）。

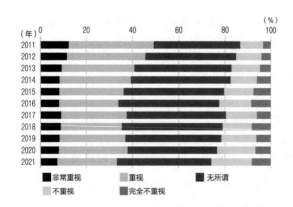

图 2-13　20 ~ 29 岁的人中重视与邻居的关系的人的比例

资料来源：三菱综合研究所生活者市场预测系统（mif）。

日本内阁府"关于社会意识的舆论调查"结果也显示出人们对社会的关心呈现衰减的趋势。《大下流国家》一书中也涉及相关内容，这里我省去了图表。在"应该更加关心国家和社会的事情"（社会倾向）与"应该更加重视个人生活"（个人倾向）这两个方向中，选择"国家和社会"的比例从 2011 年开始下降，2020 年时降至 44.8%；选择"个人生活"的比例从 2013 年开始上升，2020 年时为 41.1%，两者的比例相当接近。

从整个过程来看，1985 年到 2009 年，"社会倾向"大体上呈现上升的趋势，但 2011 年以后"社会倾向"开始下降，从 2013 年开始"个人倾向"开始上升，在最近几年"社会倾向"和"个人倾向"基本上都是同样的比例。

从年龄层来看，18～24 岁以及 40～49 岁的人中"个人倾向"的比例都很高，2011 年以后，年轻一代的"社会倾向"开始下降，"个人倾向"不断上升。

年轻人全力以赴才能活着

在 2011 年的"3·11"东日本大地震以后，"链接""羁绊"等词语在媒体上流行起来，以这些关键词为主题的电视节目到现在都还有很多。然而，从社会意识来看，2011 年以后，"社会倾向"下降、"个人倾向"上升。这一点让人感到非常不可思议。

会不会是媒体察觉到了"社会倾向"在下降，为了扭转这种趋势开始强调"链接""羁绊"了呢？这需要媒体先对社会现象进行细致深入的分析，对节日进行策划，但我觉得大概还没有哪家媒体能做到这种程度。相反，很可能观众觉得媒体在不断渲染"链接""羁绊"而感到厌倦。或者说，在不断下流化的生活中，人们已经顾不上去关心社会和他人了，越来越多的人仅仅是把自己的事情做好都需要全力以赴。

2020年，我做了一个"15年后的下流社会调查"（调查对象为日本全国25～54岁的人），回答"每天全力以赴才能活着"的人中，对于"在你的人生中最为重视的价值观是什么？"的问题，选择"想尽量往正确的方向改变社会"的人仅有1.6%，而没有选择此项的人有3.6%。特别是在25～34岁的人中，没有人选择"想尽量往正确的方向改变社会"！但选择"自己喜欢的事情优先，每天都想过得快乐"的人有50.4%，可以看出"个人倾向"已经非常明显了。在革新政党掌权的时代，按理说越是"每天全力以赴才能活着"的人，越是应该会选择"想尽量往正确的方向改变社会"。但现在的结果完全相反，难道大家都已经放弃了吗？

简约倾向、日本倾向的式微

第四消费时代的第二个特征是简约倾向，而现在的真实情况是，不花冤枉钱、更重视功能性而非流行趋势、通过共享解决问题的人越来越少。这个特征在除了年轻人以外的其他年龄段也出现下降的趋势，但下降的幅度较小。60～69岁的人中对"不花冤枉

钱"表示非常认同的人的比例从 27% 降到了 24%，对"更重视功能
性而非流行趋势"表示非常认同的人的比例从 23% 下降到了 19%
（见图 2-14 和图 2-15）。

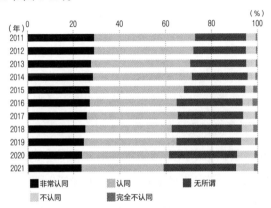

图 2-14　60～69 岁的人中不花冤枉钱的人的比例

资料来源：三菱综合研究所生活者市场预测系统（mif）。

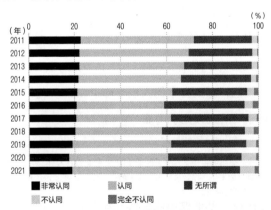

图 2-15　60～69 岁的人中更重视功能性而非流行趋势的人的比例

资料来源：三菱综合研究所生活者市场预测系统（mif）。

十年前的年轻人在孩提时代勉强算是感受过泡沫经济的余味，所以简约倾向能让他们感受到一种全新的生活价值。但现在的年轻人只经历过失去的三十年①，他们的生活本来就很简约，所以不太可能还想过更简约的生活，他们可能更想体验一下泡沫经济时期的生活。

第四消费时代的第三个特征是日本倾向。然而，对于日本传统文化、日本四季分明的自然景色感到自豪的人的比例，从 2011 年到 2018 年下降幅度超过 10 百分点。

近十年，我在东京国立博物馆等地方看了许多日本画展，比如琳派②、若冲③、等伯④的画展。每一场画展都非常精彩，但最近确实有点腻了。东京奥运会举办时，政府又不断宣传国家底蕴，这确实让人更加深感疲惫。所以，我确确实实感到对于传统文化的重新评估也差不多到头了。

此外，对日本国民性中非常有日本特点的"勤勉""礼貌"，感到自豪的人占比下降幅度也超过 10 百分点。对工业产品的品质标准和工匠技艺，感到自豪的人也下降了 43.5%。反之，认为"没什么值得自豪"的人数几乎增加了一倍。

---

① 失去的三十年：最初的提法是"失去的十年"，一般是指日本自 1991 年泡沫经济破灭后到 2000 年经济不景气的十年。作者这里用"失去的三十年"来表达 1991 年一直到现在的三十年，日本经济都处于低迷状态。

② 琳派：桃山时代后期出现并一直活跃至现代的一个艺术流派。

③ 若冲：伊藤若冲（1716～1800 年），江户时代的画家。

④ 等伯：长谷川等伯（1539～1610 年），安土桃山时代的画家。

在"日本倾向"整体下降的趋势中，能保持稳定的是对便利店、百元店①、餐饮连锁等服务行业的高水平运营感到自豪的人口比例，2018 年为此感到自豪的人口比例为 33.8%，这比对日本传统文化感到自豪的人口比例还高（见表 2-2）。

表 2-2 25 ~ 34 岁的人对日本感到自豪的地方

%

选项	2011 年	2012 年	2013 年	2014 年	2015 年	2016 年	2017 年	2018 年
以历史建筑、艺术品、传统工艺为代表的日本传统文化	36.9	38.8	36.1	34.9	32.0	30.5	29.6	24.5
四季分明的自然景色	50.5	51.9	49.9	47.1	42.6	41.6	40.6	36.8
有礼貌、亲切、有人情味的国民性	45.8	46.0	48.7	48.6	43.0	39.6	41.3	35.0
诚实、勤勉的国民性	32.3	31.2	34.0	33.3	28.3	25.4	23.4	21.1
国民良好的教育水平	18.5	17.9	21.0	23.2	19.7	17.9	16.6	14.3
以众多诺贝尔奖获奖人为代表的高度尖端科学技术水平	18.9	18.2	20.7	16.9	17.9	16.0	15.2	10.6
全球中较高的国家经济实力和国民经济水平	21.7	21.1	23.9	23.1	20.1	16.7	16.5	14.6
工业产品的品质标准和工匠技艺	38.6	38.4	38.1	35.9	30.2	28.2	29.0	21.8

① 百元店：商品均价为 100 日元的低价零售业态。

选项	2011 年	2012 年	2013 年	2014 年	2015 年	2016 年	2017 年	2018 年
便利店、百元店、餐饮连锁等服务行业的高水平运营	33.7	35.1	38.6	37.0	34.2	34.3	37.0	33.8
以青年海外协力队、国际紧急救援队为代表的人道主义的国际贡献	9.8	9.4	9.5	10.0	8.6	6.5	6.7	5.8
对发展中国家的经济援助活动（政府开发援助等）	14.0	11.3	12.4	11.5	10.9	8.3	7.7	6.4
电影、小说、餐饮文化、动漫、偶像、时尚等最新的日本文化	39.6	41.4	40.2	40.6	36.5	35.3	38.9	34.0
治安良好的社会	47.0	48.0	52.7	53.9	47.5	47.5	47.9	40.6
平等且没有贫富差距的社会	7.3	6.3	7.1	7.3	7.1	6.2	6.1	5.8
没什么值得自豪	11.9	11.7	11.0	11.6	15.9	16.2	13.5	20.2

资料来源：三菱综合研究所生活者市场预测系统（mif）。

嘴上说着喜欢日本、喜欢日本料理却从来没用日式茶壶泡过茶的年轻人不在少数。我也曾经遇到过不会使用日式茶壶的人，有人把泡好的茶倒入马克杯，还有人用茶包来泡茶。喝着瓶装茶饮料，然后心中深感"日本这个国家真好啊"的大有人在，其结果当然就是对日本传统文化的自豪感降低，对便利店的自豪感能维持不变了。

除了年轻人，其他年龄段对"传统文化""自然景色"的自豪感也有所下降，但下降的幅度较小。60～69岁的人对"传统文化"感到自豪的人仅从47%减少到43%，对"自然景色"感到自豪的人也只是从67%减少到61%。此外，对"勤勉""礼貌"感到自豪的人没有出现减少的趋势。

60～69岁的人对"便利店"感到自豪的比例虽然从19%上升到了29%，但和"自然景色"相比，也只是它的一半左右，与"传统文化""勤勉""礼貌"相比更是少得多。

作为第四消费时代最大特征的"共享倾向"呈现了一定程度的扩大和稳定，今后也不大会下降。比起共享倾向，前述的"照料倾向"会更加扩大。所以，毫无疑问，照料的共享化会变得非常重要。因为共享倾向其实就是共助倾向，而终极的共助性的共享就是照料的共享。

然而，并不是所有人都关心共助，也不是所有人都能花时间在共助上。自助是主要的发展方向，企业为了帮助个人实现自我照料而推出"自助照料型商品"。所以比起不怎么赚钱的共享型商业，照料型商业会有进一步发展的机会。而共享型的事业和活动恐怕只能作为一种类似人与人之间互相搭把手的存在，来推动照料活动更加顺利地开展。

这样一来，我认为第一章中的消费社会的时代划分图需要进一步修正。综合考虑了各种因素，我认为以23年为周期来划分可能更加合适。从 1937 年到日本走向复兴的 1952 年，这段时间我认为不存在消费社会。而其他几个时代以 23 年为周期来划分的话，就可以看出战争、天灾、经济危机等因素给社会带来的影响（见表 2-3）。

表 2-3 消费社会的时代划分

时代划分	第一消费时代（1914 ~ 1936 年）	第二消费时代（1952 ~ 1974 年）	第三消费时代（1975 ~ 1997 年）	第四消费时代（1998 ~ 2020 年）	第五消费时代（2021 ~ 2043 年）
主要世代	出生于明治年间	出生于大正和昭和[1]年间	团块世代、泡沫世代	团块二代	平成世代
人口	· 自然增长 · 总人口从 4 000 万人增长到 7 000 万人 · 开始出现核心家庭	· 自然增长 · 总人口从 8 600 万人增长到 1.1 亿人 · 核心家庭进一步增加 · 全职家庭主妇快速增加	· 自然增长放缓 · 开始出现少子高龄化 · 总人口从 1.1 亿人增长到 1.26 亿人 · 不婚率上升	· 生育年龄人口、总人口开始下降 · 离婚率上升 · 单身家庭成为最多的家庭类型	· 人口进一步下降 · 离婚率 35%
媒体通信交通	广播、电影、报纸	电视、电话、汽车、高速公路、新干线	个人电脑	· i-MODE · 智能手机	· 5G · 元宇宙 · 自动驾驶
杂志	《主妇之友》	· 周刊杂志 · 周刊少年漫画杂志	商品目录杂志	· *Ku:nel* · *Lingkaran* · *Arne* · *Relax*	
消费	· 西洋化 · 欧美倾向 · 文化生活 · 现代时尚	· 平等化 · 少品种大规模生产 · 大的就是好的 · 美国倾向	· 个人化 · 多品种小规模生产 · 从数量到质量 · 高档化	· 现实倾向 · 共享倾向 · 简约倾向 · 日本倾向 · 地方倾向 · 低价倾向 · 低消费欲望	· 照料倾向 · 强者倾向 · 虚拟化

时代划分	第一消费时代（1914～1936年）	第二消费时代（1952～1974年）	第三消费时代（1975～1997年）	第四消费时代（1998～2020年）	第五消费时代（2021～2043年）
价值观	国家倾向	家庭倾向	个人倾向	· 社会倾向 · 地方倾向 · 共享倾向	· 自我责任 · 个人倾向
零售业	百货店	超市	· PARCO · 便利店	· 购物中心 · 亚马逊网站	亚马逊网站
居住	· 丸之内大厦 · 帝国饭店 · 田园调布	· 团地 · 郊区一户建	· 公寓开间 · 地价高涨导致郊区过度发展	· 共享住宅 · 旧房翻新	地方倾向
社会问题	贫困	环境污染、交通事故	地价飞涨	· 宅家啃老族 · 无业游民 · 孤独死	· 贫富差距 · 单身妈妈 · 自杀现象增加

注：1. 第二次世界大战之前。

第 三 章

永远的孤独社会

"人们应当是自由的，我们应该尊重人类的多样性"这种诉求再正当不过了。但这种正确性同时也成了限制个人行动的强大压力，那些想着"还不如不自由来得好呢"的人的诉求在这里得不到认同。于是，现实社会就变成了只有敢于讴歌自由的少数强者的乐土，对于大多数弱者而言则是痛苦的地狱。也许，"自由"的赌博本就注定失败。

——冈岛裕史《什么是元宇宙》

年轻人是否已经放弃日本

新冠病毒感染疫情的发生让人们更明确地意识到最主要的社会问题就是"格差问题①",即非正规雇用者被解雇、疫情导致销售额和收入减少,越是低收入的工作越是无法实现居家办公等不平等问题。新冠病毒感染疫情让日本人被清晰地分成了以下三类:

第一类人,因为失去工作或收入下降,突然从中产阶级跌落,陷入深深的不安。

第二类人,虽然没有被解雇,但因销售额、收入下降而不安,不敢消费。

第三类人,不管发生什么都能保持生活安定,基本上可以安心过着中产阶级及以上水平生活。

第一类人中选择自杀的人可能会增加。2020 年,日本全国自杀人数比上一年增加了 912 人(同比增加 4.5%),达到了 21 081人。其实在此之前自杀人数已经连续 10 年下降,这是 2009 年以来时隔 11 年首次上升,尤其是自杀者中女性和年轻人的比例上升让人们意识到了问题的严重性。

2021 年,虽然男性的自杀人数下降了,但女性的自杀人数却上升到 7 068 人,其中因为"经济、生活问题"选择自杀的女性增

---

① 格差问题:因收入差距、贫富差距等带来的不平等问题。

加了 29 人，达到 454 人，因为"生活困苦"而自杀的有 185 人。新冠病毒感染疫情对餐饮、酒店、娱乐等服务行业的影响深重，而这些行业中女性从业人员又特别多，尤其是非正规雇用的人数众多，可以推断这导致了女性在经济上的艰难。

此外，虐待儿童的事件也在一直增加，未成年人的自杀人数也呈增长态势，其原因可能是对未来感到无望（见图 3-1）。联合国儿童基金会的调查也显示，与其他国家相比，日本感到孤独的孩子尤其多。可能因为现在的未成年人的父母大多出生于冰河期世代①，家中的经济状况一直非常糟糕，这给孩子造成了很大的影响。

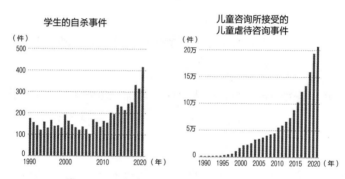

图 3-1　日本学生自杀及受虐待事件日益增加

注：仅包括学校通报的事件。
资料来源：日本文部科学省。

———————————

① 冰河期世代：通常把日本泡沫经济破灭后经济下滑导致就业困难的时期称为就职冰河期，冰河期世代一般指出生于 1970 年至 1982 年、在就职冰河期刚好大学毕业步入社会的一代人。

2003 年经济合作与发展组织的调查结果也显示，日本 15 岁的青少年中"感到孤独"的比例接近三成（见图 3-2）。

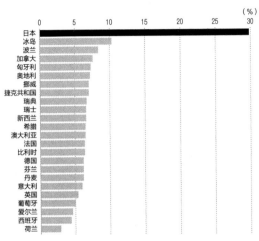

图 3-2　感到孤独的孩子的比例

注：2003 年经济合作与发展组织（OECD）对 25 个成员方开展了 15 岁青少年的意识调查（美国未提供数据）。上图是各调查对象对"是否会感到孤独"这一问题回答"是"的比例。

这项调查有关于青少年的社会性排外感，社会性排外感被认为很可能对青少年的生活品质造成重大的影响。

整体来看，一半以上的被调查对象，青少年的满足感是较高的（回答"否"），但日本有近 30% 的青少年表示曾感到孤独，约为第二名冰岛的 3 倍，非常突出。

资料来源：UNICEF, Child poverty in perspective: An overview of child well-being in rich countries, Innocenti Report Card 7, 2007 UNICEF Innocenti Research Centre, Florence.

对链接感到恐惧的社会

虽然《第四消费时代》（日文版）一书的副标题是"走向链接

的社会"，但事实上我认为新冠病毒感染疫情发生后，和社会"切断链接"的人在不断增多，孤独感日益蔓延。现代社会也许已经变成了一个"恐惧链接的社会"。

2021 年，日本政府内阁官房①曾设立过孤独与孤立问题应对办公室，用来处理社会不安的相关事宜，推进针对不断深化的社会孤独、孤立问题的综合政策规划、提案及整体调整。孤独与孤立问题应对办公室设立的契机是 2018 年 1 月，那时英国首相特雷莎·梅在英国内阁设立了"孤独大臣"。政府和民间协作，解决个人孤独问题，也开展了由许多慈善团体参加的"终结孤独运动"。

英国政府之所以将孤独问题当作一个政策课题，是因为对于交不到朋友的孩子、第一次生子的父母、朋友和家人离世的老年人等人来说，孤独状态将成为一个长期存在的慢性问题，孤独可能会危及他们的健康，还可能使他们失去与人沟通的能力。据说孤独的危害和一天抽 15 支烟的危害相同，孤独每年给英国雇主造成 25 亿英镑（约 200 亿元人民币）的损失，给英国全国经济造成 320 亿英镑（约 2 560 亿元人民币）的损失，对社会、经济、国民福利都有重大的影响。

然而，就像"孤独死"这个词一样，孤独问题通常都被认为是老年人才会有的问题，但是从统计数据来看，感到孤独的人中

---

① 内阁官房：日本内阁设置的行政机关，负责整理阁议（内阁会议）事项、内阁的各种事务，以及对各部门的施政进行统合调整。

更多的是年轻人。年轻人的孤独感是现代社会特有的问题，处在青春期到成年这个过渡阶段，孤独倾向尤为显著。

还在上学的未成年人同时要照料家人的问题一直存在，但近年才受到政策上的重视。当下这个时代，孤独问题正在青少年中不断蔓延。虐待儿童的问题也是如此，当这个问题开始受到重视时，那些曾经受到虐待的儿童已经长大成人。此外，在离异家庭中长大的年轻人也占了相当大的比例，他们很多都无法成为正规雇用者；就算成为正规雇用者，认为自己的收入会逐年上升的也不多。从某种意义上来说，在现代社会年轻人可能放大了这种孤独。因此，在本章中，我会聚焦于年轻人的孤独问题。同时，如何消除、减少孤独也是共享社会的一大课题。

想要享受人生的年轻人变少

下面我们来看一下年轻的男性、女性的意识和价值观。从 mif 的调查来看过去 10 年的变化，从 2011 年到 2021 年，对"我想要享受人生"表示"完全符合"的年轻人占比从 56% 快速下降至 39%（见图 3-3）。

对于像我这种在 20 世纪 80 年代才 20 多岁的人来说，趁年轻享受人生完全是理所当然的事。当时也是一个理所当然要结婚、生子的年代，所以大家都想趁单身去海外旅游、尽情消费和享乐。然而，现在的年轻人渐渐失去了这样的愿望。他们不知道自己什么时候才会结婚，一直不结婚的人也在不断增加。所以，这也让年轻人不再想趁着年轻享受人生（见图3-4）。

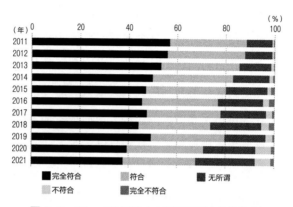

图 3-3　20 ~ 29 岁的人中想要享受人生的比例

资料来源：三菱综合研究所生活者市场预测系统（mif）。

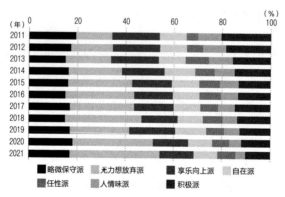

图 3-4　20 ~ 29 岁各类人的比例

资料来源：三菱综合研究所生活者市场预测系统（mif）。

mif基于施瓦茨的价值观量表设立了22个项目来对价值观进行调查。根据回答结果将日本人的价值观分成7类。具体来说，通过对回答结果进行因子分析，总结出了"权力、物质倾向""羁绊倾向"等6个因子，并进行聚类分析。以下为各群体的主要特征。

略微保守派：除了任性生活以外，其他价值意识相对较强，羁绊、奉献、激励的意识很强，对于传统也具有较强的重视意识的类型。

无力想放弃派：自己的意识不明确，看情况再决定的类型。

享乐向上派：想要享受人生、想要任性生活等享乐意识很强，权力倾向也很强的类型。

自在派：整体上各类价值意识较弱，但健康且安全生活意识较强的类型。

任性派：不管别的，只想按自己的想法生活的意识很强的类型。

人情味派：对羁绊、奉献的意识非常强，重视传统、追求健康且安全生活的意识很强的类型。

积极派：各种价值意识都较强的类型。

从价值观群体来看，积极派和享乐向上派呈现减少趋势，无力想放弃派人数增加并且成为人数最多的一派。结合时代背景考虑，这样的趋势完全可以理解，但仍觉得有点可惜。

饱受梦想骚扰的人们

可能和"想要享受人生"的价值观有关，"自己决定自己的事"这种价值观在过去几十年来不断扩大。但是，从统计来看，有这种价值观的人近些年来呈现减少趋势，尤其是在 20 ~ 29 岁的年轻人中非常明显（见图 3-5）。

在第四消费时代的价值观中，对企业提供的常规产品感到不满足、不愿妥协，想亲手创造自己的物品、自己的家、自己的生活、自己的人生，这种情绪非常强烈。而"自己决定自己的事"的人减少，这和前面提到的"想要亲自翻新旧房的人"减少是有相关性的。从统计可以看出，对"自己决定自己的事"表示"完全符合"的 40 ~ 49 岁的人中，今后想要亲自翻新旧房的比例有 34%；而对这个问题表示"完全不符合"的人中，今后想要亲自翻新旧房的比例仅有 20%。

这样看来，"自己决定自己的事"的人的减少，确实是意味着第四消费时代意识的衰退。

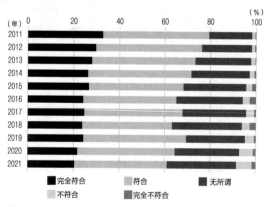

图 3-5 20 ~ 29 岁的人中自己决定自己的事的比例

资料来源：三菱综合研究所生活者市场预测系统（mif）。

最近还出现了"梦想骚扰"一词，即被他人要求要有梦想，比如人们对年轻人说"要有梦想"。在年轻人看来，这就是一种骚扰。近来，初中生、高中生好像都这么认为（以前他们可能也这么认为，只是没有相关数据）。

　　是否有梦想应该由自己决定。没有梦想的人可以按部就班，照着别人说的去做。40多岁的人是喜欢"Dreams Come True"（梦想成真）的一代，但现在10多岁、差不多是他们孩子的这一代人却是饱受梦想骚扰的一代。

　　我个人其实也很讨厌别人对我说要有梦想，所以我和饱受梦想骚扰的人们多少有些共鸣，我甚至还写过一本书——《人没有梦想也不会死》。梦想这种事，不是别人让你有就会有，也不是命令你写下来就会出现。不用别人说，该有梦想的人自然会有，没有梦想的人别人再怎么说都没用。不用别人说要有个性，有个性的人自然会有个性，也是同样的道理。上中小学时还年少不懂事，长大后就算实现当时的梦想也不一定有意义。

　　以前的人们总对年轻人说："别老做梦，现实点。"现在完全反过来了。因为整个日本社会没有梦想，所以人们命令别人要有梦想。如果没法实现梦想，那就是每个人自己的责任。我们现在可能已经处于这样的时代。

　　被别人要求有梦想，然后有了梦想，最后梦想破灭……饱受梦想骚扰的年轻人或许非常了解这种梦想破灭的现实。

有一天，我在东京获洼进了一家烤肉店，店里小时工服务员的服务好到让我吃惊。我问了才知道她是旅游专业大三的学生，以后想进酒店工作。后来我跟她聊了起来，她说现在新冠病毒感染疫情以及俄乌战争对经济影响很大，很难找工作，工资也给得很低，"很想去泡沫经济时代看看"。我觉得她很优秀，不去酒店也能找到工作，所以我建议她"房地产行业也许可以考虑看看"，但她好像从小时候开始就很憧憬酒店那种非常特别的地方。

　　她反问我："您小时候的梦想是什么？"我回答道："我们那时候可没人告诉我们要有什么梦想。那是一个即使没有梦想，公司也会照常发展，大学毕业找到工作就可以过上比父母更好的生活的时代。"有梦想当然好，但如果有更多的人生选择会更好，最终我没敢把这句话说出口。

　　我起身告辞时，她说："外面还挺冷的，请多小心。"这是一流酒店才有的用心服务，我衷心地希望她能顺利找到工作。为了挣学费努力学习，从而可以找到梦想中的工作，或者已经从事自己梦想中的工作，但因为工资太低而感到迷茫。这样的现实，许多初高中学生也知道，所以他们的理想工作要么是非常稳定的公务员，要么就是不受经济环境影响的YouTuber[①]。

　　我会为将来设定目标，也会为了实现目标而努力，有愿望和期待，但我没有宏大的人生梦想。虽然我会对他人抱有期望，但

----

① YouTuber：美国视频网站YouTube的视频发布者。

就算最终这个期望无法实现，我也不会感到失望。这就是我的人生观。但是，即使是我这样的人，也会因为"自己决定自己的事"的年轻人减少而感到百思不得其解。是因为就算自己做了决定，但其实一切已经被别人定好了，所以死心了吗？是对社会的毫不关心吗？还是做什么事都觉得很麻烦吗？

所有人的孤独

年轻人的孤独

接下来，我们来分析一下孤独。关于孤独程度的调查，mif 只有 2018 ～ 2021 年的数据，所以我用 2021 年的数据来做分析。

首先从年龄段来看，越年轻的人孤独感越强，20 ～ 34 岁的男性、女性中"感到非常孤独"的人占 7% 以上。如果从男女性别的维度来看，女性比男性的孤独感更强，20 ～ 24 岁的女性"感到非常孤独""感到孤独"的人加起来占三成以上（见图 3-6）。我们一般推测年轻人中独自生活的人比较多，所以容易孤独。从统计结果来看，未婚群体中 20 ～ 49 岁的男性、女性的孤独感确实是最高的（见图 3-7）。

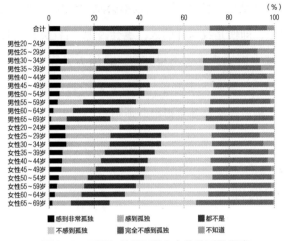

图 3-6　不同年龄段男性、女性的孤独程度

资料来源：三菱综合研究所生活者预测系统（mif）。

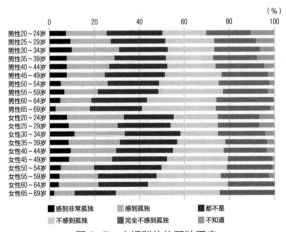

图 3-7　未婚群体的孤独程度

资料来源：三菱综合研究所生活者预测系统（mif）。

此外，从家庭类别来看，单身家庭中 20 ~ 59 岁的人的孤独感比其他各年龄段的平均值更高（见图 3-8）。同样是单身家庭，现在 60 ~ 69 岁的单身家庭，应该会有丧偶、离婚的情况，但终身未婚的人应该不多。所以这些老年人很可能都有子女，当有需要时子女会来照顾他们。

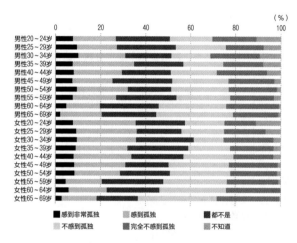

图 3-8　单身家庭的孤独程度

资料来源：三菱综合研究所生活者预测系统（mif）。

"双亲和未婚的孩子的家庭"的孩子也就是"啃老单身族"，以及"单亲与未婚的孩子的家庭"的孩子中，30 ~ 49 岁的人的孤独感很高（见表 3-1）。自己没有结婚，父母也老了，这对他们来说可能是个很大的问题。

我们再仔细看看各家庭类型的孤独程度。"感到孤独"比例较高的是单身家庭、啃老单身族、单亲妈妈、30 ~ 49 岁的啃老单身族（在 3 万个调查对象中，"感到孤独"的比例为 19.5%，表 3-1 只选取了合计值 25% 以上的部分），也就是说这些人一般是未婚、离婚、丧偶居多。从表中我们还可以看出单亲家庭的啃老单身族的比例也不低，可能父母离婚了，孩子成年了却还不能自立生活。不仅如此，到了四五十岁还有这样的人存在。

表 3-1　不同性别、年龄、家庭类型中感到孤独的比例（从高到低）

家庭身份	年龄、性别	婚姻状况、家庭类型	人数	感到非常孤独 /%	感到孤独 /%	感到孤独的比例的合计值 /%
户主或其配偶	30 ~ 39 岁男性	离婚、单身家庭	46	15.2	26.1	41.3
户主或其配偶	20 ~ 29 岁女性	未婚、单身家庭	500	8.6	28.0	36.6
户主的孩子	20 ~ 29 岁女性	未婚、只有其他亲人的家庭（啃老单身族）	30	3.3	33.3	36.6
户主或其配偶	30 ~ 39 岁男性	未婚、双亲与未婚的孩子的家庭	39	5.1	30.8	35.9
户主的孩子	30 ~ 39 岁女性	未婚、双亲与未婚的孩子的家庭（啃老单身族）	286	11.9	22.7	34.6
户主或其配偶	30 ~ 39 岁女性	未婚、单身家庭	361	9.4	24.9	34.3
户主或其配偶	40 ~ 49 岁男性	离婚、单身家庭	84	10.7	22.6	33.3
户主或其配偶	60 ~ 69 岁男性	离婚、单亲与未婚的孩子的家庭（单亲爸爸）	31	9.7	22.6	32.3
户主或其配偶	40 ~ 49 岁女性	未婚、单亲与未婚的孩子的家庭（单亲妈妈）	31	12.9	19.4	32.3

家庭身份	年龄、性别	婚姻状况、家庭类型	人数	感到非常孤独 /%	感到孤独 /%	感到孤独的比例的合计值 [1]/%
户主的孩子	30～39岁男性	未婚、单亲与未婚的孩子的家庭（单亲家庭啃老单身族）	119	8.4	23.5	31.9
户主的孩子	20～29岁女性	未婚、单亲与未婚的孩子的家庭（单亲家庭啃老单身族）	120	7.5	24.2	31.7
户主的孩子	40～49岁女性	未婚、单亲与未婚的孩子的家庭（单亲妈妈的孩子）	154	11.7	19.5	31.2
户主的孩子	20～29岁女性	未婚、双亲与未婚的孩子的家庭（啃老单身族）	489	9.6	20.0	29.6
户主的孩子	30～39岁女性	未婚、单亲与未婚的孩子的家庭（单亲家庭啃老单身族）	120	10.0	19.2	29.2
户主或其配偶	20～29岁女性	已婚、只有其他亲人的家庭	70	7.1	21.4	28.5
户主的孩子	40～49岁男性	未婚、双亲与未婚的孩子的家庭（啃老单身族）	423	8.3	19.1	27.4
户主的孩子	20～29岁女性	未婚、三代同堂家庭（啃老单身族）	70	4.3	22.9	27.2
户主的孩子	30～39岁男性	未婚、双亲与未婚的孩子的家庭（啃老单身族）	427	8.2	18.7	26.9
户主的孩子	20～29岁女性	未婚、三代同堂家庭（啃老单身族）	86	7.0	19.8	26.8
户主或其配偶	50～59岁男性	未婚、单身家庭	386	7.3	19.4	26.7
户主或其配偶	40～49岁男性	未婚、单身家庭	535	7.9	18.5	26.4

家庭身份	年龄、性别	婚姻状况、家庭类型	人数	感到非常孤独 /%	感到孤独 /%	感到孤独的比例的合计值[1]/%
户主的孩子	20～29岁男性	未婚、双亲与未婚的孩子的家庭（啃老单身族）	521	7.9	18.4	26.3
户主的孩子	20～29岁男性	未婚、单亲与未婚的孩子的家庭（单亲家庭啃老单身族）	147	7.5	18.4	25.9
户主的孩子	50～59岁男性	未婚、单亲与未婚的孩子的家庭（单亲家庭啃老单身族）	126	7.1	18.3	25.4
户主的孩子	40～49岁女性	未婚、双亲与未婚的孩子的家庭（啃老单身族）	307	8.8	16.6	25.4
户主或其配偶	50～59岁男性	离婚、单亲与未婚的孩子的家庭	48	10.4	14.6	25.0

注：1. "感到孤独的比例的合计值"为占比 25% 以上的群体从高到低排序，人数为 30 人及以上。

资料来源：三菱综合研究所生活者市场预测系统（mif），2021 年。

　　今后，40～69 岁及以上的人中，终身未婚的家庭会进一步增加，而且他们也没有孩子，这可能是真正意义上的单身家庭。当这些人遇到困难时，谁来帮助他们呢？这种情况很可能会让中老年人感到孤独的比例进一步提高。此外，虽然年轻人现在的孤独感已经很高了，如果他们进入中老年时还没结婚，就会导致中老年的单身家庭数量增加，这样也会让孤独的中老年人变得更多。年轻人的人口数量不断下降，曾经的团块二代或是未婚，或是离婚，或是保持单身家庭的状态到了 60 多岁，日本全国孤独的中老年人将会越来越多。

我们假设 mif 的各年龄段男性、女性的孤独比例为一个定数，将这个定数乘以日本国立社会保障与人口问题研究所推算数据中 2020 年和 2040 年的各年龄段男性、女性的单身家庭数，就可以推算出感到孤独的单身家庭的数量。从结果来看，男性、女性 60 ~ 69 岁的单身家庭"感到非常孤独"和"感到孤独"的人，2020 年总计为 53.4 万人，预计到 2040 年会达到 75.2 万人（见图 3-9）。

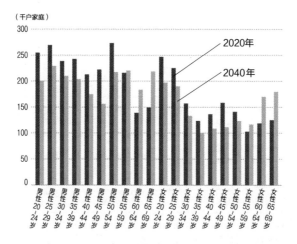

图 3-9　2020 ~ 2040 年孤独的单身家庭数量变化及预测

资料来源：日本国立社会保障与人口问题研究所的家庭数推算及三浦展基于三菱综合研究所的推算。

与此相对的是"不感到孤独"的人中占比高的是已婚人群（在 3 万个调查对象中，"不感到孤独"的总计为 54.7%，表 3-2 只选取了 65% 以上的部分）。

表 3-2　不同性别、年龄、家庭类型中不感到孤独的比例（从高到低）

家庭身份	年龄、性别	婚姻状况家庭类型	人数	不感到孤独 /%	完全不感到孤独 /%	不感到孤独的比例的合计值[1]/%
户主或其配偶	50～59 岁女性	已婚、夫妇及其父母的家庭	82	36.6	40.2	76.8
户主或其配偶	60～69 岁男性	已婚、夫妇及其父母的家庭	110	38.2	38.2	76.4
户主或其配偶	60～69 岁女性	已婚、夫妇及其父母的家庭	97	44.3	32.0	76.3
户主或其配偶	60～69 岁男性	已婚、只有夫妇的家庭	1 165	44.7	29.9	74.6
户主或其配偶	60～69 岁女性	已婚、三代同堂的家庭	78	37.2	37.2	74.4
户主或其配偶	60～69 岁男性	已婚、夫妇与未婚的孩子的家庭	730	46.2	27.9	74.1
户主或其配偶	60～69 岁女性	已婚、只有夫妇的家庭	1 052	39.0	33.0	72.0
户主或其配偶	60～69 岁男性	已婚、三代同堂的家庭	122	35.2	36.1	71.3
户主或其配偶	30～39 岁女性	已婚、三代同堂的家庭	59	40.7	30.5	71.2
户主或其配偶	60～69 岁女性	已婚、只有其他亲人的家庭	253	35.6	34.4	70.0

家庭身份	年龄、性别	婚姻状况家庭类型	人数	不感到孤独 /%	完全不感到孤独 /%	不感到孤独的比例的合计值[1]/%
户主或其配偶	60～69岁女性	离婚、单亲与未婚的孩子的家庭	86	40.7	29.1	69.8
户主或其配偶	50～59岁男性	已婚、三代同堂的家庭	137	35.8	33.6	69.4
户主或其配偶	60～69岁男性	已婚、只有其他亲人的家庭	100	32.0	36.0	68.9
户主的孩子	20～29岁男性	未婚、只有其他亲人的家庭	34	29.4	38.2	67.6
户主或其配偶	30～39岁男性	已婚、三代同堂的家庭	49	26.5	40.8	67.3
户主或其配偶	60～69岁女性	丧偶、单亲与未婚孩子的家庭	62	40.3	25.8	66.1
户主或其配偶	50～59岁男性	已婚、只有夫妇的家庭	592	33.1	32.9	66.0

注：1."不感到孤独的比例的合计值"为65%以上的群体按从高到低排序。人数为30人及以上。

资料来源：三菱综合研究所生活者市场预测系统（mif），2021年。

现代社会不只是有未婚、离婚、丧偶的问题，也会有疾病、失业、经济、照料等问题，孤独以各种形式不知何时就来到每一个人身边。在这样一个社会中，恋爱、婚姻也不能完全排解孤独感。如今这个时代，哪怕我们目前不感到孤独，但也说不定什么时候就会变得孤独。人们必须始终预设孤独风险的存在并生活下去，可以说这个时代就是一个"永远的孤独社会"。

在新冠病毒感染疫情期间，人们的意识和行动都发生了变化。在这方面的调查中，我们从女性的维度来看看"更加寂寞、孤独"的人。孤独感增加最多的是单身家庭、未婚的 35 ~ 44 岁女性，她们之中 28.6% 的人都感到孤独感增加了（见表 3-3）。如前章所述，现在的年轻人中，不仅丈夫可能会出轨，妻子也有出轨的风险，离婚有支付赔偿金的风险、变成单亲妈妈的风险等，而人们是在考虑到这些风险的前提下走入婚姻的。过去是为了过上安心的生活而结婚，而现在结婚的人不仅要面对离婚的风险，即使不离婚也需要花钱照顾孩子、为年迈的父母提供照料等，人们面临诸多经济风险与孤独的风险。对此感觉最为强烈的可能就是 35 ~ 44 岁的女性。

表 3-3　不同家庭类型、婚姻状况、年龄的女性的孤独程度

家庭类型	婚姻状况	年龄	人数	更寂寞、孤独 /%
单身家庭	未婚	35 ~ 44 岁	42	28.6
单身家庭	未婚	18 ~ 34 岁	107	18.7
其他	未婚	35 ~ 44 岁	41	17.1
其他	离婚丧偶	45 ~ 54 岁	12	16.7
其他	未婚	45 ~ 54 岁	30	15.5
只有夫妇	已婚	35 ~ 44 岁	110	16.3

家庭类型	婚姻状况	年龄	人数	更寂寞、孤独 /%
双亲与未婚的孩子	未婚	18～34 岁	13	15.4
其他	已婚	18～34 岁	77	14.3
单身家庭	未婚	45～54 岁	43	14.0
其他	未婚	18～34 岁	58	12.1

资料来源：文化分析研究所《疫情后的意识与行动的变化调查》，2022 年。

从职业种类来看，从事管理工作的人"完全不感到孤独""不感到孤独"的人共占 64%。这个数字让人怀疑这些人是不是有些反应迟钝？与此相对的是，从事事务性工作、销售、生产、搬运、清扫、包装等工作的人，"感到非常孤独""感到孤独"的人合计超过 20%（见表 3-4）。

从收入来看，以年收入 500 万日元（约 26 万元人民币）为分界线，500 万日元以上的人收入越高，孤独程度越低。尤其是从差异较大的 35～44 岁的男性来看，年收入 300 万日元（约 15.6 万元人民币）以下的人孤独程度较高，年收入超过 400 万日元（约 20.8 万元人民币）的人中，收入越高，孤独程度越呈阶梯状下降（见图 3-10）。所以可以清楚地看出，孤独程度与职业、收入是有关联性的。

表 3-4　不同职业的人的孤独程度

职业	人数	感到非常孤独/%	感到孤独/%	都不是/%	不感到孤独/%	完全不感到孤独/%	不知道/%
管理层	1 893	3.1	11.2	20.1	34.0	30.0	1.6
专业性、技术性工作	5 192	4.4	14.0	24.0	29.9	25.1	2.5
事务性工作	4 618	5.2	16.4	22.8	29.3	24.0	2.3
销售工作	2 183	4.5	16.4	22.8	29.6	23.1	3.7
生产工作	1 338	6.3	15.3	23.0	25.6	25.1	4.7
搬运、清扫、包装等工作	853	6.7	14.3	22.7	25.8	26.1	4.3

资料来源：三菱综合研究所生活者市场预测系统（mif），2021 年。

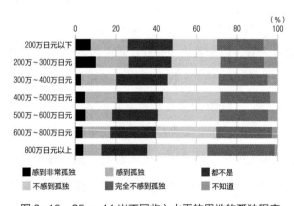

图 3-10　35 ~ 44 岁不同收入水平的男性的孤独程度

资料来源：三菱综合研究所生活者市场预测系统（mif），2021 年。

从就业形态而言，公司经营者、个体户、自由职业、企业董事等，这些人中多数都不感到孤独；而没有劳动协议在身的居家劳动人员、无业人员、停薪留职人员，以及短时合同工、全职合同工等，这些人中不感到孤独的人就很少（见图3-11）。整体上，收入高的人孤独程度低，收入低的人孤独程度高。

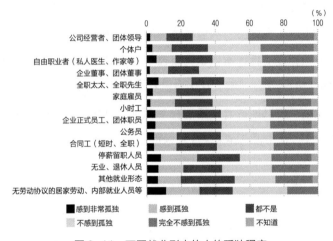

图 3-11　不同就业形态的人的孤独程度

资料来源：三菱综合研究所生活者市场预测系统（mif），2021 年。

独自生存的时代

虽然单身的人孤独程度很高，但 30 ～ 49 岁的男性、女性认为自己在未来 5 年内"不会结婚"的人的比例在过去 10 年持续增加，大概增加了 13%（见图 3-12）。非常有趣的是，这些 30 ～ 49 岁的人，不管收入高低，各个收入水平的人认为自己在未来 5 年内不会结婚的人在过去 10 年都增加了 13%。收入越低的人中，认为自己"不会结婚"的人的比例就越高。年收入不到 100 万日元（约5.2 万元人民币）的人中有 61.5%（其中男性 67.5%）的人认为自己"不会结婚"，年收入 100 万～200 万日元（约 10.4 万元人民币）的人中有 57%（其中男性 63.2%）的人认为自己"不会结婚"。

但是，认为自己"不会结婚"的人比认为自己"会结婚"的人的孤独程度更低，所以认为自己"不会结婚"的人增加，不会导致孤独的人增加。有人认为自己在未来"会结婚"，是因为现在感到孤独，所以期待着结婚能排解孤独。反之，不结婚也不感到孤独的人，认为自己在未来 5 年内也"不会结婚"。

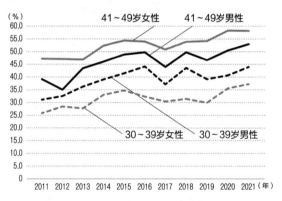

图 3-12　认为自己在未来 5 年内不会结婚的人的比例

资料来源：三菱综合研究所生活者市场预测系统（mif），2021 年。

如果我们进一步分析认为自己在未来 5 年内"不会结婚"的人，会发现耐人寻味的事情。例如，从表 3-5 中不难看出，30 ~ 39 岁的单身家庭的男性"不会结婚"的人占 36.6%、女性占 34.9%。

"双亲与未婚孩子的家庭"的"户主的孩子"（啃老族）中 30 ~ 39 岁的男性，认为自己在未来 5 年内"不会结婚"的人有 53.3%，同样情况下女性有 36.8%。也就是说，啃老的男性比起独自生活的男性认为自己"不会结婚"的比例要高，女性也是同样的情况。

表 3-5　30 ~ 39 岁不同家庭类型、性别的人
在未来 5 年内结婚与否的比例

家庭类型	家庭身份	性别	人数	会结婚/%	应该会结婚/%	不好说/%	应该不会结婚/%	不会结婚/%
单身家庭	户主本人	男性	599	13.2	11.9	26.5	11.9	36.6
单身家庭	户主本人	女性	384	23.4	10.7	19.5	11.5	34.9
双亲与未婚孩子的家庭	户主的孩子	男性	430	4.0	7.4	22.6	12.8	53.3
单亲与未婚孩子的家庭	户主的孩子	男性	120	5.8	6.7	21.7	9.2	56.7
双亲与未婚孩子的家庭	户主的孩子	女性	291	15.1	10.0	24.4	13.7	36.8
单亲与未婚孩子的家庭	户主的孩子	女性	127	9.4	3.9	23.6	13.4	49.6

资料来源：三菱综合研究所生活者市场预测系统（mif），2021 年。

此外，"单亲与未婚孩子的家庭"的"户主的孩子"，30 ~ 39 岁的男性有 56.7%、女性有 49.6% 认为自己在未来 5 年内"不会结婚"。男性的比例与"双亲与未婚孩子的家庭"的孩子相比几乎没有变化，而女性"单亲与未婚孩子的家庭"的比例则要高出许多。可以认为，单亲家庭的孩子中，女性更容易认为自己会和父母一样，即使选择结婚也不会幸福，还不如一个人生活。

单亲家庭的数量在不断增加，他们的孩子尤其是女性不结婚的情况也会越来越多。但是从数据来看，单亲家庭的孩子与双亲家庭的孩子的孤独程度几乎没有区别。所以单亲家庭的孩子就算一直不结婚，感到孤独的人也不会再进一步增加。

如果考虑到生病、衰老的风险，就算人们认为自己不会感到孤独，但从整个社会来说单身家庭、单亲妈妈的增多都会在各方面增加社会成本。所以，我们需要通过非婚姻的方式，将单身家庭、单亲妈妈链接起来，为他们打造一个可以共助的机制。

需要照料家人的年轻人

现代社会还有照料问题的存在，而那些需要照料家人的人，其孤独程度有增加的趋势。

在 20 ~ 60 岁为父母提供照料的人中，"感到非常孤独"的人占 6.4%，但如果只看 20 ~ 29 岁这个年龄段，"感到非常孤独"的人占 16.9%，如果再把"感到孤独"的比例加上，能达到 42%。对于 20 ～ 29 岁的人来说，如果其配偶在对家人进行照料，或者其父母在对家人进行照料，"感到非常孤独"与"感到孤独"的人加起来也占到了 40%。可以看出家里有人需要照料会导致年轻人孤独感增加。

当然这与照料引发的经济困难也有关联性。可能正因如此，20 ～ 29 岁感到孤独的人中男性比女性略微多一些。因为要花时间提供照料导致本来应该获得的收入减少了，这方面男性比起女性更容易受到影响。

在超级老龄化社会中，即使是没有和家人生活在一起的人，其亲人中大概率也会有需要照料的人。对于一对 30 多岁的已婚夫妇来说，有 4 位 60 多岁的父母，另外如果 8 位 90 多岁的祖父母都健在，那么这对 30 多岁的年轻夫妻从一开始就要意识到他们的生活中存在着 12 位照料对象或潜在的照料对象。如此一来，无论是谁都不敢随心所欲地消费、娱乐了。

我与一对 30 多岁的夫妻朋友聊过，他们说现在经常和双方的父母一起旅行，因为父母才 50 多岁。我感到很奇怪，就说父母还年轻完全可以自己去旅行。他们回答说："不是的，因为双方父母的父母马上就需要有人来照料了，到时候就没办法跟他们一起出去旅行了，所以趁现在带着他们一起旅行。"

回想我 30 多岁时，我的父母、妻子的父母也都刚到 50 岁，双方祖父母也只有 4 个人，且 5 年内有 3 个人相继离世。我当时也没有预想祖父母会活到 90 岁并做相应的准备。母亲虽然也照料了祖父母不太长的一段时间,但我当时完全没有要赶在父母开始繁重的照料工作前给他们尽孝心的想法,而现在的年轻人一开始就认定了父母要长期照料祖父母,他们在这样的前提下生活。这种情况会给年轻人的心理、行为、消费对象以及消费金额都带来广泛的、巨大的影响。

住处、经济、价值观与孤独

2020 年文化分析研究所主持进行"日本人的意识与价值观调查",其中从"日本认知"问题[①]与孤独程度的相关性方面,也能发现许多耐人寻味的事情。

在 25 ~ 34 岁的男性、女性中,回答"想住在共享住宅里,和其他人像家人一样生活""没有可以轻易停留的地方"等渴望能有容身之处的人,孤独程度都很高(见表 3-6)。

此外,就像"工作、生活方式的选项太多,反而令人不安""过度多元化,社会的统一性、共同性不足"所描述的,社会多元化的深化反而可能导致孤独感攀升。

当然这与经济困难也有关系,选择"确保国民最低程度的收入,打造没有过度竞争的社会""每天全力以赴才能活着""偏重学历的社会""缺乏对冰河期世代、迷失的一代的支援""消除正

---

① 调查问题是"对于今天的日本、今后的日本,请选择与您认知相近的选项"(多选)。

规雇用和非正规雇用的区别，每个人可以根据能力和生活方式选
择劳动合同并施展能力"的人，孤独程度也很高。

表 3-6 25 ~ 34 岁的人对日本不同的认知与孤独感的关系

选项	人数	感到非常孤独/%	感到孤独/%
想住在共享住宅里，和其他人像家人一样生活	10	20.0	40.0
没有可以轻易停留的地方	48	14.6	37.5
为了提升城市的防灾能力应该大力推进城市再开发	30	3.3	46.7
工作、生活方式的选项太多，反而令人不安	27	7.4	40.7
仅凭民主主义无法在全球竞争中获胜	28	3.6	42.9
大企业也开始陷入困境	43	9.3	34.9
缺乏培养多方面领导社会发展的精英的教育	42	4.8	38.1
确保国民最低程度的收入，打造没有过度竞争的社会	63	9.5	33.3
打造与个人匹配的商品和服务，而不是大规模生产的产品	35	5.7	37.1
现今时代充满了空虚感	103	10.7	32.0
每天全力以赴才能活着	119	12.6	29.4
偏重学历的社会	55	9.1	32.7
缺乏对冰河期世代、迷失的一代的支援	56	10.7	30.4
消除正规雇用和非正规雇用的区别，每个人可以根据能力和生活方式选择劳动合同并施展能力	78	12.8	28.2
不能实现两大政党制的全新政治体制是一个问题	32	9.4	31.3
中老年夫妻离婚、分居的情况会越来越多	30	6.7	33.3
过度多元化，社会的统一性、共同性不足	25	4.0	36.0

资料来源：文化分析研究所《日本人的意识与价值观调查》，2020 年。

家人、友人的关系与孤独感

我们从生活各个领域的满意度来分析年轻人孤独的主要原因，可以看出他们在与家庭成员的沟通、与朋友的相处，以及自己的健康等方面有很多不满。尤其是对于 30 ~ 39 岁的女性，与家庭成员的沟通、与朋友的相处的满意度与她们的孤独感有极大的相关性（见图 3-13）。20 ~ 29 岁的女性大致也呈现相似的倾向。

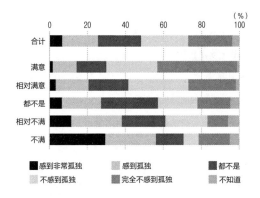

图 3-13　30 ~ 39 岁的女性对家庭成员满意度与孤独感的关系

资料来源：三菱综合研究所生活者市场预测系统（mif），2021 年。

年轻时就结婚生子的人应该没有时间感到孤独，当配偶离世或孩子独立时他们才会感到孤独，这才是常见的情况。然而现代社会中人们保持未婚的时间越来越长，也有很多终身不婚的人，离婚的人很多，没有孩子的夫妇也很多，其结果就是无论在人生的哪个阶段都可能存在孤独的状态。这是一个每个人都有着孤独风险的社会。

就算现在是年轻人更孤独，而中老年人不那么孤独，也并不意味着随着现在的年轻人逐渐变老，他们的孤独程度会降低。这和以前多数人年轻时就结婚、生子、养育孩子的时代是完全不同的。所以，当代年轻人的生活前提是，知道自己可能会永远孤独，即使当下不孤独，也不知何时会变得孤独。他们可能一辈子都不会结婚，可能不会有孩子，也可能在结婚生子前就不得不一个人照料父母，同时存的钱又不够，对父母的照料结束后他们也步入老年，而他们很可能面临没有孩子照顾他们的情况……现在的年轻人时时刻刻设想着孤独的风险。或者说，几乎所有人都始终处于一定程度的孤独之中，完全不是以前所谓的"青春的孤独"。

当然，虽然同样是孤独，但时代不同，孤独的内涵也会不同。在"二战"前，父母很早就过世的情况比较常见，很多失去父母的孩子可能读不完小学就需要工作。在战争时期，也有人因此与家人阴阳两隔。在经济高速发展时期，有很多少年中学毕业后就从小城市来到大城市，成为企业职员。每一个时代，都有每一个时代的孤独。

爱与孤独

有恋人也孤独

过去的孤独与现今的孤独有何不同？这是一个颇有意思的话题。在过去大量人口考上大学、进入就业市场，大量年轻人来到东京打拼的时代，年轻人可以交到朋友、和恋人交往，这些都可以帮助他们排解孤独感。而且在那个时代，已经不是由父母包办婚姻，人们可以与自己喜欢的人恋爱、结婚，自主婚姻成为社会的主流。这同样有助于排解孤独。

但是到了现代社会，有恋人也很难帮助人们减少孤独的感觉。20 ~ 24 岁没有恋人的男性中"感到非常孤独"和"感到孤独"的占 26.4%，而有恋人的男性中该比例为 28.4%。没有恋人的女性中"感到非常孤独"和"感到孤独"的占 35.9%，而有恋人的女性中该比例为 31.3%。可以看出，无论男性、女性，无论是否有恋人，感到孤独的人的比例几乎都没有什么变化（见图 3-14）。

在 25 ~ 29 岁这个年龄段，没有恋人的男性中"感到非常孤独"和"感到孤独"的人占 31.8%，有恋人的男性中该比例为 19.7%。没有恋人的女性中该比例为 35.6%，有恋人的女性中该比例为 26.3%。可以看出，有无恋人的孤独比例略有差距。30 ~ 34 岁与 25 ~ 29 岁这两个年龄段呈现同样的倾向。也就是说，对于

20～24 岁这个年龄段的人来说，恋人无法排解孤独感的倾向是最强的。

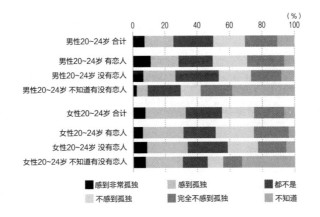

图 3-14　20～24 岁不同性别、有无恋人与孤独感的关系

资料来源：三菱综合研究所生活者市场预测系统（mif），2021 年。

此外，20～24 岁的男性中，不知道自己有没有恋人的人，孤独感较低。朋友或暧昧的关系对他们来说正合适，一旦两人确定了正式的恋爱关系，就会担心对方有新欢、对自己不够关心等，反而增加了两人关系中的不稳定因素。

当然，因为担心恋人被别人喜欢、被别人抢走而感到不安，这种事情以前就有。松田圣子的名曲《眼睛是钻石》描绘的就是这种心理，所以我认为这不是现在的时代特有的现象。然而现在的社交媒体让人们可以在很大程度上知道对方在什么地方都做了什么事，人们会很在意对方竟然没有告诉自己去了这个地方，竟然没有告诉自己和谁见了面。电视剧中会有女生偶遇男朋友与其他女生在一起的情境，当然现实生活中这种情况并不常见。现在人们可以通过社交媒体观察对方的行动，不想被窥探隐私的人不发帖，但是不发帖似乎又显得可疑。在过度链接的社交媒体社会中，这种过度的链接、过度的知悉助长了人们的不安感。所以人们才会产生"恐惧链接"的心理，产生"切断链接"的想法。

搜索性的人际关系

如果要思考现代社会年轻人的孤独，日本流行乐队"Official 髭男 dism（以下简称"髭男"）"①的歌曲 *Pretender* 的歌词就非常值得研究。这首歌在 2019 年 12 月发布的"第一届 Qricon 年度流媒体排行榜 2019"的作品销量榜单上，以 10 679.3 万次的播放量排名第一（统计时间为 2018 年 12 月 24 日至 2019 年 12 月 16 日）。同时，这首歌在 Qricon 发布的"Qricon 上半年卡拉 OK 排行榜 2020"（统计时间为 2019 年 12 月 9 日至 2020 年 6 月 7 日）中也是第一名。在 2021 年 3 月 3 日播放的"关 JAM 完全燃烧 SHOW 黄金 2 小时特别节目"中，"关 JAM 日本流行音乐 20 年历史 2000 ~ 2020 年业内人士票选最强名曲 BEST 30"中，荣获第一名的竟然也是这首 *Pretender*。

---

① Official 髭男 dism：2012 年创建的日本四人流行乐队，主唱为藤原聪。

为什么这首歌会如此受欢迎？我认为是因为这首歌让人们看见了一个即便有恋人也会感到孤独的时代。尤其是这句歌词让我感到非常奇怪并且引发了我的兴趣："要是能以不同的身份，要是能以不同的关系，去选择相遇的世界线，那该有多好；要是能用不同的性格，要是能用不同的价值观，去传达爱那该有多好。"

歌词的意思是如果身份、关系、性格、价值观不同的话，我就无法说出喜欢你。这首歌本身并没有明确地说明主人公与恋爱对象是身份、关系、性格、价值观四个维度都不相同，还是其中的一个或两个维度不同，但是听者只要在一个维度上曾经有过类似的经历就很容易有共鸣。

不管怎么说，只要上述的几个条件不匹配，就不能说喜欢。就像人们在网站输入各种筛选条件搜索适合自己的房子，也可以用同样的方式搜索最适合自己的女朋友。对于现代社会的人际关系，用"选择性"来描述已经过时了，现在可能更应该用"搜索性"来描述。

我们常说的喜欢某个人，应该是没有任何预兆，突然感到一阵心跳、对对方动心，这才是常见的喜欢。不仅对人，对衣服、对房子也是一样，虽然不是每个条件都符合自己的要求，但整体上让人一见钟情。虽然价格有点高、款式有点旧、离地铁有点远……但就是让人喜欢。

现代社会的消费是以搜索为前提的，现在选择男女朋友也是搜索式的。人们可能认为是自己一时冲动，还有太多不确定性、有太多风险，让人无法相信这种感觉。[①]

在昭和时代的大叔们看来，哪怕双方身份、关系、性格、价值观不同，只要觉得喜欢就要直言不讳，奋不顾身地一往无前。如果最后被拒绝，那也是因为身份、关系、性格、价值观不同，是没办法的事。当然，她也可能被他的热情所感动，抛掉那些身份、关系、性格、价值观而和他交往。这就是金八先生[②]或是疯癫寅[③]所代表的昭和时代的精神。

在这首歌里却是完全不同的故事。"我们的爱情故事，如我所预想那样，一旦开始就是我的独角戏"，自己"最后也只是个旁观者"，主人公从一开始就非常冷静地从旁观者的角度来看待这场恋爱。就像"从飞机的舷窗往下看到的陌生的城市夜景"一般看着自己。歌中两次用到"罗曼史"一词，"你命中的人不是我""和你的罗曼史是我的人生本质，但注定没有以后""如果这就是罗曼史的宿命，那也不错"，歌词反复表达出恋爱的不确定性。

现代社会中，不只人际关系是选择性的，对于商品、旅游的

---

① 虽然我们并不知道过去存在过多少浪漫爱情，但曾经有过这么一个时代，人们不用像团块世代那样通过相亲结婚而是自由恋爱结婚，仅这点就可以让人们感受到浪漫的存在了。被认为在日本最可能实现浪漫爱情的时代，是见田宗介所说的"理想的时代"与"梦想的时代"。

② 金八先生：《3年B组金八先生》是由日本TBS电视台制作、从1979年至2011年连续32年播出的电视连续剧。剧中主角为中学教师坂本金八，他努力解决了班级内各种问题，学生们受他的影响回归正轨并长大成人。

③ 疯癫寅：日本1970年上映的电影《寅次郎的故事》中的主角车寅次郎。

目的地、职业，现代人的行为始终都是选择性的。如果对选择的结果感到不满，以前还可以直接向相关的公司或店铺投诉，但如今企业为了规避风险提前让消费者"同意"相关信息。如果事后感到不满，那也是消费者"自己的责任"。如果想解决不满，消费者就不得不再做一次选择。年轻人自从生下来就被给予了选择的自由，人生的每一个细节都是自己选择的结果，而结果也是自己要承担的责任。

然而，"人生是自己选择的结果"这个观点绝对是错误的。消费者不一定能在百分百理解商品的特点后再购买，并感到满意；游客到了自己期待中的旅游目的地也往往会感到失望。同样，百分之百理解对方然后再恋爱、结婚是非常困难的，恋爱和婚姻其实是"不能理解对方"这种体验的持续。同时，恋爱和婚姻还需要对方也选择自己，因此这之间常常伴随着许多的阴差阳错。其实人生绝对不是完全由自己的选择决定的。就算有相当充分的选择自由，选择自由也并不等于生存自由。

"如果说有一件事是可以确定的话①"，不是靠自己的选择来决定人生，也不是"你好漂亮②"这样的一句话，而是孩子无法选择自己的亲生父母和出生的环境。所以在年轻人中间，"父母扭蛋机"这个词流行起来。

---

① 如果说有一件事是可以确定的话：Pretender 中的歌词。

② 你好漂亮：Pretender 中的歌词。

父母扭蛋机就像投入硬币、扭动旋钮会掉出各种玩具的扭蛋机一样，父母有时候也会得到自己并不期望的结果。扭蛋机还有百分之几的可能性能让人得到自己想要的东西，但孩子从一开始就没有选择父母的机会。如果生在父母优秀的家庭那是幸运的，生在父母糟糕的家庭则是不幸的，如果生在父母普通的家庭那就是普通的运气。生在父母性格善良的家庭，这应该比中 1 亿日元彩票的概率要高一些，但如果还要家里有钱、头脑聪明，不断增加"设定"的话，那么概率就如同中更高额的彩票一样越来越低。最终人们就像没有中彩票而不得不放弃一样，价值观群体中的"放弃派"也是多数派。

命运、宿命与奇迹

髭男可能不只是喜欢"命运"，还喜欢"宿命"与"奇迹"这两个词，夏季甲子园①的进行曲所使用的歌曲正是《宿命》。"不是梦想，是泪水的痕迹""不是奇迹也没关系，不美丽也没关系，生的意义正在闪耀光芒""燃烧宿命，尽情绽放"，歌词中反复提到"梦想""奇迹""宿命"。纵然不相信梦想、奇迹或命运，但是要将宿命——也就是存在于生命中无法逃离的东西——燃烧起来，歌曲这么唱道。如果从自然科学的角度来解释，宿命是遗传基因；

① 夏季甲子园：阪神甲子园棒球场，位于兵库县西宫市，一座非常著名的球场。甲子园同时也是日本高中棒球联赛的俗称，分春、夏两季，在日本拥有巨大的关注度。

从社会科学的角度来说，宿命是成长的环境。这样说来，宿命也是父母扭蛋机。从歌词中我们也能读出，"那些存在既然无法逃离，就让它们尽情绽放"的含义。

如果恋爱双方的身份、关系、性格、价值观都完全匹配，那完全可以说是个奇迹。或者说在超越了身份、关系、性格、价值观的限制之后，会发生奇迹。《你的名字。》《天气之子》都是这样。电影中宿命般的相遇，并不是反复搜索的结果，而是完全无条件、完全偶发性、命运般的事件。而且，流星、天气、神社的巫女这些超越人类智慧的自然现象抑或漫长的历史给故事走向、主人公都带来了巨大的影响。① 而这些事情还会给现代的年轻人带来感动。我认为现实中不存在什么命中注定的相逢，只是在不能

---

① 杂志《我发现了》（*Eureka*）2016 年 9 月特辑 "新海诚" 中，法国文学研究者中田健太郎指出："无论是文化还是电影，现在的主题越来越小、对故事的创作也越来越难。在这样一个时代中，新海诚所描绘的爱情绝对是命运般的，甚至是某种壮阔的东西。" 当然，动画可以创作出非现实性的、奇迹性的内容，宫崎骏的动画也是如此。但宫崎骏的动画基本上不讲述现代故事，故事发生的舞台也往往不是日本。而《你的名字。》《天气之子》这两部动画都以现代的日本（东京）为舞台，可以说这样反而大大突显了故事的奇迹性。

　　我在读这篇特别报道的时候发现畠山宗明的文章中引用了我的 "快餐风土论"。文章提到新海诚的《秒速 5 厘米》将东京、栃木、鹿儿岛设为故事的舞台，"从传统中抽离出来的这些场所，它们的共同性以及风景同质性" 的 "全国化"，"尤其在新海诚出道的 21 世纪初期" "成了人们所关注的话题"。"全国化的同质性空间，往往缺乏地域性的特点，只是作为一个符号化的空间被描绘出来。这个空间把它设定在哪儿好呢？最后选择了 "北关东"。"虽然必须要明确选定一个地方，但从本质上说选哪里都可以"，可以是任意的一个地点。在我的快餐风土论中，确实是将北关东视为快餐风土最原型的地点，事实上我也去宇都宫、太田、佐野、藤冈、小山等地做了许多采访。所以对于我来说，我觉得我的快餐风土论与新海诚的作品在某些底层逻辑上有相通之处，这是非常有意思的。地域的差异性在缩小，而我们将既不是大城市，也不是东京、东京郊外、乡下的某个无名之所放大时，就会产生将人类与宇宙、天气直接联系起来的世界图景，而不是人类与某个小城市或日本的联系。这样一个新海诚式的假说大概率可以得以成立。

选择亲生父母和出生环境的这件事上，人们才能多少感知到命运或宿命吧。

NHK广播文化研究所的"日本人的意识调查"显示，有一个时期，"相信奇迹"的日本年轻人增多了（与其说是"相信奇迹"，不如说是"愿意相信奇迹""有奇迹的话更好"这样的心理）。这项调查从1993年持续到2008年，每5年一次，这个时期髭男的主唱藤原聪从2岁成长到17岁。我无法说出其中的因果关系，不过确实是颇有意思的对应关系。

虽然"相信奇迹"的年轻人在2013年、2018年减少了，但从2018年来看，"相信奇迹"的年轻人（16～29岁）有29%，相比之下，老年人（60岁以上）只有6%。相信"彼岸世界"的年轻人占21%、老年人占6%。相信"护身符、符纸"的年轻人占22%、老年人占11%。相信"易经、占卜"的年轻人占12%、老年人占3%。以前，都是老年人更加愿意相信这些事情，但近年来反而是年轻人更加愿意相信了。最近我不止一次听到有出版社说以前出版的书多种多样，但现在出版社只能靠占卜类的书活着。50多年前许多人相信自己的努力可以让社会变得更好，所以人们认为应该多读知识类的书籍。而在越来越强调反智主义、自我责任意识的今天，年轻人（可能不只是年轻人）不再思考如何让社会变得更好，反而开始依赖占卜。我们不停地查看手机，其实也是在期待着某个时刻会收到幸运的消息，智能手机在某种意义上成为一种护身符。

现代年轻人的宽容

现代的年轻人如果恋爱不顺利，他们会认为是两人的身份、关系、性格、价值观不合导致的，从而接受这个现实。例如，现代的年轻人会从"他好像是单亲家庭""他好像比较拮据"等原因，得出"各种复杂的因素交织在一起塑造了这个人"的推论，从而最终理解、宽容对方。这可能也是生活在当今复杂时代下的年轻人的一种宽容。

20世纪90年代以后出生的年轻人，也许是因为他们成长于发展停滞、已经固化的日本社会，面对一己之力无法改变的社会和制度，他们不会反抗，而是以"断念"的心态逆来顺受，此外，他们还偏向无法用科学解释的非理性主义。这可能是因为近年参加考试学习的人增多，于是拜神的人增加，也可能是因为许多电视游戏的故事主线都是神话类型带来的影响。总而言之，战后个人主义、民主主义、理性主义在日本社会快速发展，现在60多岁"相信有梦想就是正确的"这代人与现在的年轻人相比，表现出完全不同的倾向。

或者说就像第二章里描述的那样，凭借着数字技术等"魔法"，我们过上了60多年前完全无法想象的生活。但可能正是这样一个技术不断发展的"魔法的时代"，比起科学的理性主义，宗教性的非理性主义更容易让日本年轻人感到亲切。

代入各种设定的歌词

我们再回来聊聊 *Pretender* 这首歌。"世界线""人生本质"，到底指的是什么？我想是表达两个人的世界和人生完全不同的意思。两个人的世界就像两条平行线，永远也不会交会。不是人的品质而是人生本质 ① 不同。这个造词我觉得很不错。

作为这首歌常见的设定，如果仅仅是女孩子有了男朋友这样的故事就太过于普通了。用昭和视角来解读，则是男孩和女孩出生和成长于完全不同的阶层。男孩出生于旧城区的劳动阶层，而女孩则是住在东京山手线 ② 环线内有钱人家的千金。所以两个人无法在一起。两个人可能在两个对立家庭关系下谈了一场恋爱，就像罗密欧与朱丽叶那样（真子与小室 ③ 本来也是命中注定无法在一起的，但两人的坚强意志最终让婚姻变成现实，这也是一种"奇迹"）。还有一种解读则是男方要前往美国工作，所以临走前向女方求婚："跟我结婚，与我一起去美国。"这是日本 20 世纪 80 年代求婚的必杀模式，我身边也有很多这样的例子，因为要去硅

---

① 日语中有"人柄"一词，意为"人品、人格、品质"。在 *Pretender* 的歌词中，创作者新造了"人生柄"一词，在本书中将其翻译为"人生本质"。

② 山手线：东京的一条环形轨道交通线，山手线环内几乎都是东京最繁华、最高档的地区。

③ 真子与小室：真子原本是日本皇室成员，后与非皇室的普通国民小室圭相恋。因为身份上的巨大差异，两人的恋情受到重重阻碍，但最终两个人在共同努力下步入婚姻的殿堂。

谷、迪拜、新加坡工作，男方向女方求婚并顺利结婚。随后女方跟着男方前往国外，住进豪宅，被用人恭敬地称为夫人，每天坐着豪车出门购物……如果女孩同意的话，"pretender"就无法成立了。女孩必须要说："对不起，我在日本还有想做的事，你一个人去吧。"或者是反过来的，男孩期望女孩以家庭为中心，大学毕业后跟自己一起回到乡下生活，但女孩却说："对不起，我以后想从事国际性的工作。其实，我已经决定明年去美国留学了，抱歉。"（女方拒绝男方，独自前往美国的第一个例子应该就是《东京爱情故事》中的赤名莉香。）这样的故事，到现在应该也不少。

我非常想知道 *Pretender* 歌词真正的含义是什么，所以问了很多人，从 20 多岁的女性到 50 多岁的男性。4 位 20 多岁的女性和 1 位 30 多岁的男性都表示很喜欢这首歌，这位男士还认为这会是一首"永远传唱下去的经典歌曲"。

网络用户 kekede 在他的博客中这样写道：这样的情况难道不正是因为互联网、智能手机以及社交媒体普及，人们可以 365 天、24 小时不间断地知悉他人的状况导致的吗？人们为如何建立自己与他人之间的关系而烦恼不堪。现在这个时代，每个人 365 天、24 小时都在与他人做比较，发现彼此的不同，然后沉浸于这个不同带来的自卑感或优越感中。正是这样的一个时代，这样的歌词就如一把尖刀刺入人们的内心。人们追求科学与技术的完美，这给人们带来了自由与便利。但这样的自由与便利越多，越是让那些与计算机、AI 不相关的活生生的人所独有的模糊感变得突出，还可能会被赞赏是感性的。然而，这样的模糊感带来了多少机会，就会同时增加多少苦恼。这是一个草率又疯狂地呼喊着"让我们都认可多元化"的世界。这样的疯狂呼喊，完美地向每个生活在这个国度里的人发出了指示——让他们最为痛苦的指示。我认为 kekede 的分析非常中肯。

"pretender"本来的含义是"假装……的人""诈骗犯"，或者说是"戴着面具的人"。"pretender"可能是男人，可能是女人；可能既是对未来满怀期待的学生，同时又是夜生活丰富的人。"pretender"不断地变换着面具。

同时，*Pretender* 这首歌也告诉我，在现代社会中，人生中的任何设定都可能成立。更进一步说，你喜欢上的人也完全可能是动漫或游戏里的角色。

我终于开始理解现代社会的年轻人，在他们的生活中，"个性化""多元化""宽容"被视作理所当然的事情。

"低认可"的时代

每个人的身份、关系、性格、价值观都在向个性化发展，同时彼此又必须尊重对方的身份、关系、性格、价值观。在这样的一个时代里，社会学家吉登斯所说的"纯粹的关系"将最大程度地减少，而孤独感将不断增加。也可以说，这一代人从一开始就预见到了自己会在某个时刻变得孤独。一方面，身份、关系、性格、价值观在多元化发展；另一方面，每个人的身份、关系、性格、价值观又必须得到尊重。那么反过来说，自己的身份、关系、性格、价值观将毫无疑问变成一种相对的存在。

现在不会有人告诉你，你的身份、关系、性格、价值观或你对它们的选择是绝对正确的，所以人们对此也很难抱有自信。以前，人们会认可你有男人味或有女人味，但如今像女孩的男孩子或像男孩的女孩子同样可以得到认可。如果他们可以得到同样程度的认可，那也不错，但事实上，现代社会中像女孩的男孩子和像男孩的女孩子，都只能得到"低认可"，这是一种广泛而轻微的认可。

宽容（tolerance）一词的词源是忍耐（tolerate）。虽然我不想认可你，但我忍住了，这就是宽容。这其实是一种"低认可"。当然"低认可"比"不认可"要好一些，但我总感到有一种违和感：宽容主义者对"不宽容主义者"其实是不宽容的。尽管宽容主义者应该尊重"不宽容主义者"的意见，但事实上，宽容主义者基本上是完全不尊重"不宽容主义者"的。其实许多人谈不上宽容还是不宽容，他们只是不自觉地随了大流，因为害怕被批判而装出宽容的样子。所以说，某种程度上这是一个伪善的宽容社会，不断助长人与人之间的漠不关心。人们无法进入彼此的内心世界，而且这种漠不关心又进一步助推了个性化的发展。

话虽如此，但就像后文中会提到的那样，擅长运动的男性更容易掳获女性的芳心，所以也存在更容易获得认可的可能。由此可见，并不是所有的认可都相对化了。而且，我发现最近"低认可"开始被包装成了"宽容"。其实，本来就应该获得高认可的东西根本不需要什么宽容。

选择困难

现代社会的个性化，并不完全意味着得到他人认可的个人增加了，也可能只是个人被相对化了。其实，每个人都没有被深刻地认可，只是"没事儿，你那样挺好"程度的容许而已。

在年轻时，人们还没有真正成熟。每个人都只是被社会信息推动，架起天线接收信息、选择行动的弱小存在。尤其在现代社会，信息过剩，每天仅接收信息就让人非常疲惫。人们还习惯于在社交媒体上相互监视。

人类学家上田纪行曾说："不要在意别人的眼光。"听他这么一说，他的学生们都纷纷议论："还第一次听到有人说不要在意别人的眼光。""读中学后有了手机，放学回家了同学之间都还能继续闲聊。""我觉得我一直就是一个时刻察言观色的人。"（《日本经济新闻》，2022 年 1 月 19 日）尽管如此，还是要尊重、承认自己的个性，这需要非常强大的意志。

如果我们认为价值感、生活方式的个性化是好事，那么对于还未成熟的个人来说，他们的心理、时间都会被进一步分割成更加细微的结构。也就是说个人（individual，即不可再分割的东西）将会被进一步分割（divide）。①

以恋爱关系来看，人们会很快选择一个对象并开始交往，当发现选择是错误时，会立刻选择分手。恋爱本身应该是打造双方的一体感和共同性的行为，而现代社会的恋爱已经变成了个人与个人之间短期性的、选择性的接触。所以 *Pretender* 中唱道，以更加不同的身份、关系、性格、价值观，"希望能选择相遇的世界线"。这是一首关于"选择困难"的歌。

与此相似，约 100 年前劳伦斯就已经写过《现代人还能相爱吗》。要将一瞬间燃烧起来的爱情变成永续的爱情，需要双方共同打造一体感和共同性，由此需要两人一致的意志和行动。并且劳伦斯认为还需要两人与自然的一体感，然而在逐渐远离自然的个人主义不断发展的当下，这样的意志和行动变得越来越困难。

现在谁也不再相信永恒的爱情了——哪怕只是作为幻想的爱情，或者应该说正是因为爱情就是幻想，所以才不再相信。取而代之的，就像是对爱情缺失的弥补一般，重视"链接"和"缘分"的年轻人将越来越多。

---

① 2012 年小说家平野启一郎在《什么是我——从"个人"到"分人"》中提出"分人主义"的概念。"分人主义"是指一个人可能同时具有多个人格，这些人格的集合体构成了一个完整的人。视频博主虚拟美少女 NEM 如此写道：现在在元宇宙里，每个人可以自由设计自己的人格，可以以"想成为的自己"来生活。我们认可人类本来就具有多元化的侧面，而这种情况将很快被完全超越。人类可以在自己心中积极地寻找出多元化侧面的"分人"，赋予它容姿，并让它可以自由自在地活动。（虚拟美少女 NEM《元宇宙进化论》）

恋爱的流媒体化

现在我们已经来到了一个全新的时代，我们不再需要通过书籍、CD、LP① 或 DVD 来欣赏文字、音乐和电影，我们可以直接在互联网上通过流媒体获取这些内容。其实我一直都非常喜欢用传统唱片来欣赏音乐，但最近也购入了一个具有蓝牙功能的音箱。无论是传统的模拟音频设备，还是现代的数字音响，都是我生活中的一部分。

那么，如果恋人也可以流媒体化的话，是不是更好呢？对方只在自己希望的时候出现，并营造出舒适的氛围。如果感到厌倦了，那就停止。下一次，换个稍微不同的条件搜索新的恋人，然后再下载一次就可以了。轻易相恋，也轻易分手的现代恋爱难道不正是恋爱的流媒体化吗？

其实也有人厌恶通过流媒体的方式来获取书籍、音乐或电影，他们更喜欢阅读纸质书（我也是这样），另外像我这样喜欢通过传统唱片来欣赏音乐的人最近也开始增多了。也许不久之后，对于恋爱，也会重新迎来喜欢在现实中与人深入长久交往的潮流。但现在，还看不到这样的趋势。

近年来，年轻人的性行为呈现消极化趋势，这和之前写的内容似乎有些矛盾（其实也可以说并不矛盾）。其中有很多原因。恋爱需要双方的一体感和共同性，但在个性化的时代、选择困难的

---

① LP：传统的黑胶唱片。

时代是难以实现的，甚至可以说是不可能的，所以年轻人在恋爱面前退缩了。

例如，根据日本性教育协会的调查，日本年轻人的性行为从1974 年到1999 年，甚至到2005 年都呈现积极化趋势，然而自那之后开始转向消极化（见表3-7）。2017 年大学生有过约会经历的比例比1974 年时更少，而2017 年大学生有过接吻和性行为经历的比例与1987 年的差不多。也就是说，现在这些年轻人对于性行为的积极性回到了30 年前父母那一辈的水平。

表3-7　年轻人有过性行为的比例

%

行为类型	调查群体	1974 年	1981 年	1987 年	1993 年	1999 年	2005 年	2011 年	2017 年
约会	大学男生	73.4	77.2	77.7	81.1	81.9	80.2	77.1	71.8
	大学女生	74.4	78.4	78.8	81.4	81.9	82.4	77.0	69.3
	高中男生	53.6	47.1	39.7	43.5	50.4	58.8	53.1	54.2
	高中女生	57.5	51.5	49.7	50.3	55.4	62.2	57.7	59.1
	初中男生	—	—	11.1	14.4	23.1	23.5	24.7	27.0
	初中女生	—	—	15.0	16.3	22.3	25.6	21.8	29.2
接吻	大学男生	45.2	53.2	59.4	68.4	72.1	73.7	65.6	59.1
	大学女生	38.9	48.6	49.7	63.1	63.2	73.5	62.2	54.3
	高中男生	26.0	24.5	23.1	28.3	41.4	48.4	36.0	31.9
	高中女生	21.8	26.3	25.5	32.3	42.9	52.2	40.0	40.7
	初中男生	—	—	5.6	6.4	13.2	15.7	13.9	9.5
	初中女生	—	—	6.6	7.6	12.2	19.2	12.4	12.6

行为类型	调查群体	1974 年	1981 年	1987 年	1993 年	1999 年	2005 年	2011 年	2017 年
性行为	大学男生	23.1	32.6	46.5	57.3	62.5	63.0	53.7	47.0
	大学女生	11.0	18.5	26.1	43.4	50.5	62.2	46.0	36.7
	高中男生	10.2	7.9	11.5	14.4	26.5	26.6	14.6	13.6
	高中女生	5.5	8.8	8.7	15.7	23.7	30.3	22.5	19.3
	初中男生	—	—	2.2	1.9	3.9	3.6	3.7	3.7
	初中女生	—	—	1.8	3.0	3.0	4.2	4.7	4.5

资料来源：日本性教育协会《年轻人的性白皮书》，2019 年。

  总而言之，从世代论来看，在性行为上最为积极的是出生于 1976 ~ 1985 年的这一代人。他们的父母则出生于 1945 ~ 1955 年，这是讴歌个人自由的一代人。我们完全可以认为他们受到了父母这代人的影响。

  出生于 1976 年的这代人也是"辣妹世代"，是我定义的"真正的团块二代"的先驱。她们穿着超短裙和泡泡袜，在涩谷街头游逛，而且不只在涩谷，哪怕是寒冬中的稚内[①]，她们也这么穿。出生于 1976 年的这代人，在 1990 年时，她们正好来到了最为敏感的 14 岁，这也是日本从石油危机到泡沫经济最顶峰的时期，这样的成长环境也会给他们崇尚自由的价值观和行为带来影响。

---

① 稚内：北海道的城市，在北海道的最北部，气候寒冷。

对于 2005 年以后年轻人性行为减少，我认为互联网一定是其中一个原因。智能手机在 2010 年以后得到普及，人们不需要见面，也可以通过社交媒体进行互动，所以不再需要约会。不直接见面，接吻和性行为的机会当然也会减少。此外，对女性权利的保护也让社会开始意识到女性非自愿的性行为是违法的，这也可能压制了年轻人鲁莽的性行为。

逃往元宇宙

虚拟恋爱

年轻人性行为消极化的另一个原因是越来越多的年轻人无法对现实中的人产生性欲，而对虚拟世界中的人物却能产生欲望。不能完全否认这个现象有导致性行为消极化的可能性。

2017 年 3 月，明治安田生活福利研究所对 1 752 名 15 ~ 34 岁的男性、女性开展了"男女交往、结婚的意识调查"。其中一项内容是，请从下面的选项中选出你期望的恋爱对象：

A. 宠物
B. 酒吧的陪酒女郎、女仆咖啡店的女仆

C. 偶像、艺人或运动员

D. 动漫、游戏中的角色

    无论男性还是女性，都有约30%的人对上述至少一个选项回答了"是"。选择最多的是"C. 偶像、艺人或运动员"，而且无论是已婚还是未婚、无论哪个年龄段，选择C的女性都比男性更多，这也符合通常的预测。

    选择第二多的是"D. 动漫、游戏中的角色"，特别是20多岁的男性和女性有差不多15%的人回答了"是"。我对动漫、游戏不太了解，所以这个结果让我感到有点意外。我本以为会对动漫、游戏的角色产生类似恋爱情感的只有男性，但其实女性和男性比例差不多。

    选择"B. 酒吧的陪酒女郎、女仆咖啡店的女仆"的人中，25～29岁的已婚男性为13.8%（见表3-8）。因为选择的是恋爱对象，所以这个数据并不是指那些单次交易，而是指经常见面的婚外对象。虽然不知道到底是占三成还是五成，但这个比例不低，让我深感意外。而且已婚人比未婚人更多，这一点也是令人玩味的。可能是因为没有结婚的人可以自由地更换交往对象，但是已婚男士无法轻易更换配偶，想从婚姻的平淡期中逃离只有去找"酒吧的陪酒女郎、女仆咖啡店的女仆"了吧。

表 3-8　拥有各类虚拟恋爱关系的比例

A. 宠物　　　　　　　　　　　　　　　　　　　　　　　　　　　　　　　　　　%

性别	20 ~ 24 岁 未婚	25 ~ 29 岁 未婚	25 ~ 29 岁 已婚	30 ~ 34 岁 未婚	30 ~ 34 岁 已婚
男性	4.4	3.8	5.3	3.3	4.1
女性	4.4	5.6	3.2	7.2	2.2

B. 酒吧的陪酒女郎、女仆咖啡店的女仆　　　　　　　　　　　　　　　　　　　　%

性别	20 ~ 24 岁 未婚	25 ~ 29 岁 未婚	25 ~ 29 岁 已婚	30 ~ 34 岁 未婚	30 ~ 34 岁 已婚
男性	5.7	7.5	13.8	9.8	13.1
女性	1.1	1.1	1.9	0.8	1.4

C. 偶像、艺人或运动员　　　　　　　　　　　　　　　　　　　　　　　　　　　%

性别	20 ~ 24 岁 未婚	25 ~ 29 岁 未婚	25 ~ 29 岁 已婚	30 ~ 34 岁 未婚	30 ~ 34 岁 已婚
男性	13.3	13.6	12.5	12.5	11.8
女性	19.2	17.6	16.8	16.1	13.9

D. 动漫、游戏中的角色　　　　　　　　　　　　　　　　　　　　　　　　　　　%

性别	20 ~ 24 岁 未婚	25 ~ 29 岁 未婚	25 ~ 29 岁 已婚	30 ~ 34 岁 未婚	30 ~ 34 岁 已婚
男性	16.3	13.1	5.8	13.8	5.8
女性	15.5	15.2	11.8	12.0	7.4

资料来源：明治安田生活福利研究所《男女交往、结婚的意识调查》，2017 年。

综上，在个性化越发深化的现代社会中，如前所述，每个人的自我和时间都被切分成了细小的部分。在被切分出来的有限时间中，每个人只有戴上被切割出来的特定"面具"才有可能恋爱。可以说这就是所谓的"恋爱的 cosplay 化①"。而在元宇宙的世界里，据说无论恋爱还是性行为都可以通过虚拟的身份来实现。如此一来，我想会有更多人选择从现实的恋爱，或者长久的婚姻中退出。可能不只是恋爱和结婚，也许元宇宙中的离婚也会很快到来。

虚拟美少女 NEM 和她的好友、瑞士人类学家米勒对 VR② 社交用户 1 200 人进行过一项叫作"VR 社交趋势调查 2021"的调查。调查发现，有 76% 的男性在虚拟世界中使用女性的身份；有 16% 的女性在虚拟世界中使用男性的身份。在虚拟世界中使用女性身份的男性中，有 61% 的人认为这样可以显得更可爱，有 27% 的人认为这样有利于表达自己。有接近 70% 的人认为在虚拟的元宇宙内与他人沟通比现实社会中更加让人觉得没有距离感。曾在元宇宙中陷入爱河的人占 40%（累计使用时间超过 5 000 小时的人中，则有 76% 曾在元宇宙中陷入爱河）。在陷入爱河的人中，有 75% 的人认为对方的真实性别并不重要。最终在元宇宙中建立过恋爱关系的人有 31%，这真是让人感到不可思议。或者可以反过来说，有很多人是为了恋爱才入驻元宇宙的。现实中的男性在虚拟世界中变成女性更容易表达自我，因此更加容易产生恋爱关系。这一

---

① 恋爱的 cosplay 化：cosplay 一般指模仿、扮演动漫或者游戏角色。这里指在恋爱中扮演一个事先设定好的特定角色。

② VR：Virtual Reality，一般指虚拟现实。

切和年龄无关，也许非常符合超级老龄化社会的需要。

如上所述，年轻人（其实不限于年轻人）不追求与现实中的异性的恋爱关系，而是追求与社交媒体上的真实或者虚拟的角色发展恋爱关系。哪怕是在现实的社会中，他们也开始追求与女仆咖啡店的女仆等被人扮演出来的特定角色发展恋爱关系。同时，人们通过各种媒介可以轻松获取包含成人信息的视频、图片，也可以轻松获取酒吧、女仆咖啡店的各种信息，这毫无疑问助推了这种趋势的发展。当然不仅是年轻人，60 岁以上的人也有可能陷入虚拟的恋爱之中。

此外，虽然在这项调查中没有相关的论述，但社交媒体上泛滥成灾的各种性信息，让本身对性的兴趣就很低迷的年轻人更加感到反感，这最终进一步降低了年轻人对现实中的异性的性兴趣。

如果只是性兴趣下降可能还不算太糟糕，但这些现象最终会导致人际关系的全面倒退，会助长孤独和孤立的情况。

在 mif 对 25 ~ 34 岁的男女调查中，从业余爱好与有无恋人的关系来看，无论男女，喜欢运动、休闲活动的人拥有恋人的比例很高，而喜欢电脑、游戏、漫画的人则不容易拥有恋人（见表3-9）。喜欢手工艺、看书的女性也不容易拥有恋人（表 3-9 只统计了超过 30 人以上的回答，且比例高于平均值 15% 的项目）。

这个结果非常容易理解，外向型的人容易恋爱，而内向型、不活泼的人则不容易找到恋人（但是，在现实中不活泼的男性，可能在元宇宙中扮演着善于表达自我的女性，变得更加活泼，就很有可能恋爱）。

表3-9 25～34岁的人的业余爱好与有无恋人的关系

男性	人数	有恋人 /%	女性	人数	有恋人 /%
海滩游泳	52	61.5	网球	31	71.0
篮球	47	57.4	单板滑雪	42	66.7
网球	81	55.6	自驾	195	59.5
单板滑雪	77	51.9	海滩游泳	49	59.2
烧烤	116	51.7	疗养所、公共澡堂、岩盘浴	117	59.0
露营、汽车营地	89	51.7	烧烤	84	58.3
冲浪	31	51.6	徒步、登山	48	54.2
度假	83	50.6	温泉	276	54.0
保龄球	77	50.6	高尔夫球	41	53.7
高尔夫球	112	48.2	度假	79	53.2
游乐场、主题公园等	125	48.0	钓鱼	32	53.1
钓鱼	90	47.8	观光、旅游	248	50.4
台球	38	47.4			
浮潜、潜水	36	47.2			
足球、室内足球	99	45.5			
羽毛球	38	44.7			
徒步、登山	86	43.0			
温泉	289	42.9			

男性	人数	没有恋人 /%	女性	人数	没有恋人 /%
电脑（不包括游戏）	482	79.9	电脑游戏、网络游戏	84	77.4
3DS、PSP 等便携式家用游戏机的游戏	261	77.8	电脑（不包括游戏）	205	72.2
电脑游戏、网络游戏	267	77.5	购买偶像、艺人的纪念品、追星	224	70.1
看书（不包括漫画）	347	76.4	画画、做手工、陶艺	52	69.2
手机或移动终端的游戏	515	75.7	看漫画	481	67.6
任天堂 Switch、PS5、Xbox 等家用游戏机的游戏	446	75.6	3DS、PSP 等便携式家用游戏机的游戏	166	67.5
看漫画	511	75.3	看书（不包括漫画）	369	66.9

资料来源：三菱综合研究所生活者市场预测系统（mif），2021 年。

寂寞的个人需要链接

在过去的日本，每个人都从属于一个区域社会或某个企业，现在所谓的"个人"在那个时候是不存在的。在过去的日本，人们做着和父母一样的工作，婚姻也由父母决定。到了一定岁数，没有机会自由恋爱，而是为了家族而结婚。个人的意志得不到尊重，虽然内心充满抗拒，但最终还是对大多数人（集团）所遵守的规范妥协，同时也能获得相对稳定的地位。

然而，有人因为厌倦了被大多数人（集团）遵守的规范束缚，将自己从集团中分离出来，而产生了"个人"。因此从这个角度来说，"个人"不应该对分离或不安感到害怕。但事实上，人没有那么强大，被分离出来的个人常常惴惴不安，常常感到非常寂寞，因此他们开始寻找"链接"和"缘分"。"各取所需"大概就是这个意思。

虽然人们愿意寻找"链接"和"缘分"，但其中也有各种麻烦。能对各种麻烦抱以某种程度的包容的，应该是第四消费时代的人。第四消费时代的人完全不打算重新打造像以前社会那样对个人形成束缚的集团，他们只是非常热衷于打造各种链接。所以，他们开始使用手机、社交媒体来创造人与人之间的链接。

此外，第四消费时代的代表性价值观之一是重视与邻居之间的相处，在调查中对此回答"认可""非常认可"的人，在25～34岁的年龄段中收入越高表示认可的人越多。年收入800万日元（约41.6万元人民币）以上的人中有44%对此表示认可，并且年收入800万日元以上的人中，25～34岁年龄段的人的认可程度也是最高的。换句话说，年轻且高收入的人，他们更加重视与邻居之间的和睦相处。

我们所说的"社区倾向"往往也包含了对地方社会、传统的区域社会的重视，所以重视与邻居之间的相处的人，往往也会支持自民党（见图3-15）。例如，曾有专门从事地方社会复兴的社区设计师在社交媒体上发布与保守政治家的合影，从这里可以看出社区倾向与保守倾向是有一致性的。所以极端地说，这样的社区在选举时很容易被别有用心的人操纵。

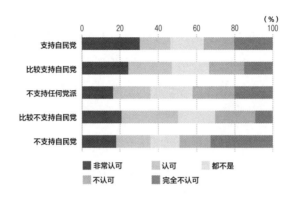

图 3-15　重视与邻居相处与自民党支持率的关系

资料来源：文化分析研究所《日本人的意识与价值观调查》，2020 年。

　　我在过去 20 多年不断提到"社区"的概念，它并不是传统的共同体概念，而是一群相异的个人出于需要而链接在一起所形成的社区的概念，我将它命名为"共异体"。所以我认为第四消费时代的社区也符合共异体的概念。但是传统的共同体和现在的共异体之间的差别其实是很小的，比如从事第四消费时代活动的人或旧房翻新行业的人，他们往往也很喜欢日本传统活动。所以，其实也很难把传统的共同体式的社区倾向与共异体式的社区倾向严格区分开来。目前来看，不如说共异体式的社区倾向是包含在共同体式的社区倾向里的。

元宇宙与孤独的第五消费时代

换个话题，我还想再聊聊元宇宙，因为这确实和孤独问题有相关性。

冈岛裕史说过，生活在元宇宙中的人正是过着各取所需的生活（《什么是元宇宙》）。为了逃避现实生活中的人际关系所带来的各种烦恼，人们选择生活在虚拟的空间中，享受只有虚拟空间才具备的舒适感。

我经常在电视新闻中看到关于元宇宙的报道，例如可以在虚拟的购物中心买东西，可以在虚拟的世界中开会，等等，说实话我真的怀疑这样做到底有什么意义。如果只是想网购商品，现在的电商也完全可以实现。如果是开会，对线上会议平台稍作改良也完全够用了。

然而我们如果再深入思考，在元宇宙的购物中心里，我们也许可以自己挑选适合自己的 AI 店员。如果有一位懂商品、会聊天、和自己投缘、充满个人魅力的 AI 店员，一定会让人有非常舒适的购物体验，并且能买到最适合自己的商品。这确实能够避免在现实生活中碰到令人讨厌的店员的情况。而且，现实中的优秀店员，一次也只能服务一位客人，元宇宙中的 AI 店员可以同时服务几百位客人，这确实是巨大的优势。如果这个情况能实现，那么元宇宙的购物中心还是有一些现实意义的。

看病也是同样。没必要带着抗拒的心理去附近的诊所找水平低下的医生，在元宇宙中可以找最好的名医来给自己看病。谈恋爱也可以在元宇宙里找恋人，爱情也能 AI 化。

在元宇宙中，使用虚拟的身份可以轻易获得与他人的链接，形成与第四消费时代中的小集团类似的团体。前述的冈岛先生还提到过，在元宇宙的空间中，已经有人什么也不做、一天一天地发着呆。在《最终幻想》这款游戏中，听说也有玩家不往前推进游戏剧情，而只是在特定的画面中一直悠闲地待着。

也有一些软件可以让玩家浏览各种游戏中的著名场面，完全就像《地球的行走方式》[①]这样的书一般。荒木飞吕彦[②]所著的人气漫画《乔乔的奇妙冒险》系列与《地球的行走方式》联名推出的《地球的行走方式：乔乔的奇妙冒险单行本》于 2022 年 7 月开始销售。原来游戏和漫画也可以成为旅行的目的地。

虽然我对漫画或者游戏不甚了解，但是如果用电影来举例，例如《十诫》中大海被劈开的场面，《索拉里斯》中的宇宙飞船，《肮脏的哈里》中最后的工厂的画面，等等，如果有一款软件可以让人身临其境地踏访这些场景，我真的很想试试。虽然现实中的住所附近没有什么好景色，空气不好，也没有公园，但是可以在元宇宙里找到让人放松、令人感动的空间，那这样的事物今后会越来越多。

---

① 《地球的行走方式》：1979 年创刊的全球旅行系列丛书，总共推出了 100 多册，在互联网出现以前，是日本人出门旅行时必不可少的旅游攻略。

② 荒木飞吕彦：日本漫画家，代表作有《乔乔的奇妙冒险》。

我还听说在元宇宙里可以买卖不动产，并且是在现实中并不存在、仅存在于元宇宙中的不动产，通过交易可以赚取利润，真是不可思议。而且，只要人们的需求增加，其价格就会上涨，这一点无论是在现实世界还是在虚拟世界都是如此。仔细想想，宝石、奢侈品为什么这么贵？并不完全是因为它们具有很高的使用价值，宝石、奢侈品是以符号价值为中心的，所以但凡有需求，就能卖得很好。

坂本龙一可以将他用钢琴弹奏的《战场上的快乐圣诞》主题曲一个音符一个音符地单独出售。如果连这个都能卖，元宇宙里的不动产当然也能卖了。也可以把椎名林檎现场演唱的歌声中的每一个音符都分割出来出售。还可以将村上春树的底稿进行数字化，然后把"村"这个字单独出售。游戏角色的衣服完全是虚拟的东西，但也获得了巨大的销量，这还是让我难以理解。

站在元宇宙中 300 层高的大楼上，俯瞰元宇宙的整个世界。欣赏元宇宙中世界遗产般的绝美景色。可以去月球旅行，去火星旅行，也可以钻进太阳里，还可以去到银河系以外的空间。因为是虚拟世界，所以一切皆有可能。所以，如果愿意为此掏腰包的人越来越多，我也丝毫不感到奇怪。

在元宇宙中的消费、生活也许就会形成第五消费时代。除此之外还会有怎样的第五消费时代呢？我还不知道。我认为第四消费时代仍会在今后逐步扩大，慢慢深入并扎根于人们的生活，而元宇宙式的消费也毫无疑问会越发兴盛。但也有可能出现完全反元宇宙的潮流，如此一来，第四消费时代将会进一步深化。

　　元宇宙中的消费，目前为止除了复制现实中的消费，到底还有何不同之处，我对此充满了疑问。是否会带来消费的质变？除了软件开发企业得到发展，是否也能贡献于整个国家经济的发展？是否能贡献于社会？……这些问题我还没有答案。

　　我是一个喜欢现实世界的人，在这个由个性化引发不安的时代中，我不断主张"现实中的共享与照料才是最重要的"。当然我也必须承认，在元宇宙中有某种程度上实现共享与照料的可能，而且也许这种方式会更好，可以让更多人不再感到孤独。

　　但是，我认为在现实中对人照料的程度越高，就越难以在元宇宙里实现对人的照料。虽然不知道100年后会怎样，但至少目前是这样。冈岛先生在书中多次提到排泄的问题，元宇宙可以满足人们的性欲，也可以帮助人们得到更好的睡眠，但排泄可能真的无法实现。

　　此外，我们当然可以在元宇宙中挑选食物，但我们不能把它真正吃到肚子里。在元宇宙中，人体的消化功能都无法实现。我们也许可以完全沉浸到元宇宙中，放弃愉快地进食的需求，采用医院输液补充营养的方式，从而实现快乐舒适的生活。临终之际，我们可能也是在元宇宙中相识的虚拟人的陪伴下走完人生的最后一程的。现实中那些吃着垃圾食品、泡面沉溺于游戏世界的人，在我看来差不多已经是一半身体住进元宇宙里的虚拟人了。

当然，人们在元宇宙里也不能生育，恐怕这些虚拟人本身对现实中的结婚生子也不感兴趣。但是他们也许可以在元宇宙中生一个虚拟的孩子，给他喂饭，给他穿衣，陪他成长，送他上学，送他进公司，带他去参加入学仪式或就职仪式，等等。这其实就是一个电子宠物，真的是一个不可思议的时代。

听说韩国的游戏御宅族比日本还多，2021 年韩国的总生育率仅为 0.81。我认为如果元宇宙产业进一步发展，日本也很难避免出生率进一步降低的问题。推进元宇宙产业发展的人到底是怎么想的呢？也许很快就没有人会考虑提高出生率这件事了。但是元宇宙中的那些虚拟人，他们会通过劳动创造收入来支付老年人的退休金吗？

在元宇宙成为理想的自己

虚拟美少女 NEM 曾说："在元宇宙中人们已经逐渐可以自由地设计自己的身份，用'理想中的自己'进行生活。这完全超越了人类本身具有多元化侧面的认知维度，人类可以积极找寻出内心中多元化的侧面——分身，并改变它的姿容，让它自由地生活。也就是说，人类可以用'理想中的自己'进行生活。"

这是真的吗？如果我可以改变身份，我想成为克林特·伊斯特伍德[1]，扮演帅气的主人公，同时自己还兼任导演执导，但是在

---

[1]　克林特·伊斯特伍德：Clint Eastwood，美国著名电影演员、导演、制片人，代表作有《廊桥遗梦》《萨利机长》等。曾两次获得奥斯卡最佳导演奖。

元宇宙中我能成为伊斯特伍德吗？我很难相信。在现实生活中软弱的人，也许在元宇宙中可以变得勇敢，但在现实中愚蠢的人能在元宇宙中变成聪颖的人吗？也许我能将自己性格中女性化的部分抽取出来并放大，作为三浦展子①活着，但这并不是我理想中的自己。我缺乏其他伊斯特伍德拥有的自我要素，所以我无法成为他。我也许可以体验伊斯特伍德那样扣动扳机连续发射子弹的快感，但是就算在元宇宙中拥有了他190厘米身高的帅气身躯，又有何意义呢？就算再过50年，我也变不成他那样。

不管怎么说，这其中令人感到意味深长的一点是，其实从第三消费时代以来，消费者一直在追求成为理想中的自己，到了元宇宙时代竟然有了一些实现的可能。

对于抗拒这种生活方式和社会现象的人来说，他们可能还是更愿意选择第四消费时代中有真实链接的生活方式。从真实的、共享的链接以及元宇宙的链接中，人们各取所需选择适合自己的生活方式，可能是未来最有可能的一种情况。在人们陷入孤独而不得不逃往元宇宙之前，我认为人们需要一种社会和社区机制，这个机制可以帮助每个人在共享的生活方式中轻松地找到自己的定位。当然，对那些确实不擅长与他人沟通和相处、在元宇宙中才会感到舒适的人来说，确实也没有必要强行进入共享社区中生活。

---

① 三浦展子：日本女性名字最后一个字常用"子"字，作者三浦展用"三浦展子"这个名字表示自己的女性化身份。

第 四 章

疫情后的第四消费时代

解决环境问题的唯一办法，就是让人们共同劳动、相互照料，只有这样人们才能更加幸福，这种认知为人们所共享。

——伊凡·伊里奇《陶然自得的工具》

2020 年初，新冠病毒感染疫情（本章中简称为"疫情"）改变了人们的生活方式。尤其是随着远程办公的普及，人们居家的时间变长，对自己生活的社区更加熟悉，更多女性开始重视区域社会。

第四消费时代所倡导的人与人的链接、互助等价值共享的思想，在疫情的推动下得到普及。以下内容是基于我自己开展的调查 [①] 所得出的思考。

价值观的变化

女性的价值观变化显著

这项调查非常简单，让调查对象从"疫情发生以来，您的心情、行为有没有发生什么变化？请从以下选项中选择符合自己情

---

① 作为对三菱综合研究所每年开展的 3 万人调查的补充调查，文化分析研究所开展了"疫情后的意识与行为的变化调查"。

　　调查名称：疫情后的意识与行为的变化调查

　　调查主体：文化分析研究所

　　调查目的：了解疫情后生活者在意识与行为方面发生变化的实际情况

　　调查模板：三菱综合研究所生活者市场预测系统（mif）基础版以及青少年调查

　　调查对象：一都三县的居民，18 ~ 54 岁，普通男性、女性

　　调查方法：网络调查

　　抽样数量：男性 1 000 人、女性 1 000 人，共 2 000 人

　　调查时间：2022 年 1 月 13 日 ~ 2022 年 1 月 17 日

况的答案"的问题中，进行多选。一共有 100 个选项可供选择。

按选择人数占比由大到小统计如下：

- 我更加不愿意购买不需要的东西 20.7%
- 我认为按自己的慢节奏生活更加重要 20.5%
- 我更想过节俭的生活 18.6%
- 我去超市购物、囤货的次数增多了 18.6%
- 我认为做自己喜欢的事、享受人生更加重要 18.4%
- 我觉得每天通勤上班让人厌倦 18.1%

"更加不愿意购买不需要的东西"这个倾向在女性身上尤为明显，选择该选项的女性比例大约是男性的 2 倍。男性的比例比女性高的有"职场中的沟通比以前更加困难""职场中的人际关系变得更加疏远""比以前更觉得公司的同事很重要"这几个选项，基本上都跟工作相关。因为，相比之下，女性更需要维持工作与生活平衡。

这种以女性为主，想按自己的慢节奏生活、想做自己喜欢的事、想享受人生等典型的第四消费时代的价值观的变化，非常有意思。疫情带来的混乱与慢节奏的生活简直就是两个极端，也许是疫情导致人们无法做自己喜欢的事，让更多女性认识到慢节奏的生活，以及做自己喜欢的事的价值。此外，讨厌每天通勤上班的人也很多。表 4-1 为人们在疫情下的意识与行为变化情况。

表 4-1　疫情下的意识与行为变化

%

选项	男性	女性	合计
我更加不愿意购买不需要的东西	14.2	27.2	20.7
我认为按自己的慢节奏生活更加重要	15.6	25.4	20.5
我认为做自己喜欢的事、享受人生更加重要	11.9	24.8	18.4
我更想过节俭的生活	14.7	22.6	18.6
我去超市购物、囤货的次数增多了	15.2	22.0	18.6
我觉得每天通勤上班让人厌倦	15.4	20.7	18.1
我更加觉得与其他人相见是一件愉快的事	10.6	19.9	15.3
断舍离更频繁了	7.1	19.2	13.2
玩游戏，看电影、动漫、漫画的时间增加了	15.7	18.8	17.3
我更加觉得家庭关系、夫妻关系非常重要	9.5	18.7	14.1
做饭的时间以及饭菜的种类增加了	8.5	18.2	13.4
我更想要平衡工作与生活的关系	12.8	16.9	14.8
散步的时间增加了	14.4	15.1	14.8
更想独处	7.8	14.8	11.3
更多思考自己的将来和职业发展	9.4	13.8	11.6
我更想在平时就做好应对地震、台风、事故等灾害的准备	6.8	13.7	10.3
我更加觉得每一个人都应该明确自己的责任，维持生活与经济的稳定	8.2	12.8	10.5
我认为在困难的时候政府应该加大援助力度	8.2	12.5	10.3

选项	男性	女性	合计
我想让生活更加合理化和高效	9.6	12.3	10.9
我觉得自己更加寂寞和孤独	6.1	12.1	9.1
居住的地方周围能去的商店变少了	6.6	11.8	9.2
想找一份收入更高的工作	7.9	10.7	9.3
会更多地购买休闲类的服装和鞋子	4.0	10.7	7.3
更想住房间数更多的大房子	5.5	10.6	8.1
看书的时间增加了（不包括漫画）	6.4	10.6	8.5
开始感受到工作中的不安与压力	10.3	10.5	10.4

资料来源：文化分析研究所《疫情下的意识与行为变化调查》，2022 年。

作为一个参考，关西地区的社会学家也开展过一项"新冠病毒感染疫情与生活相关的调查"（2021 年）[1]，在这项调查中选择"比起疫情发生前，生活中更想尽量少花钱"的人占了 56%，而对于疫情后的未来社会的画像，选择"哪怕经济状况不好，也希望能身处一个不花钱也能过上幸福生活的社会"的人有 90%。疫情后人们的生活节奏恐怕是会变慢的，我推测在这个过程中共享倾向会不断加强。

---

[1] 摘自岛越皓之、足立重和、谷村要编著：《疫情时代的工作、家庭、社区》，密涅瓦书房，2022 年版。

人际关系更受重视

接下来较多的回答是：

- 玩游戏，看电影、动漫、漫画的时间增加了 17.3%
- 我更加觉得与其他人相见是一件愉快的事 15.3%
- 我更想要平衡工作与生活的关系 14.8%
- 我更加觉得家庭关系、夫妻关系非常重要 14.1%
- 做饭的时间以及饭菜的种类增加了 13.4%
- 断舍离更频繁了 13.2%

可以看出，人们在家里的时间变长，在居住地附近游玩、用餐的情况增多，也有更多人重视工作与生活的平衡、重视家庭关系与夫妻关系。此外，也有更多人认为与其他人相见是愉快的事。总体上，我们可以切实地感到人们更加重视人际关系、人与人之间的链接。

意识与行为的变化

无法悠闲自在的年轻人

然而，从调查结果也能看出，做出第四消费时代式的回答的人中，年龄偏高的人、女性较多，而年轻人中做出第四消费时代式的回答的人很少。具体来说，选择"我更加不愿意购买不需要的东西"的人中，45～54岁的女性较多，有34.9%选择此选项。选择"我认为按自己的慢节奏生活更加重要"的人中，35～44岁的女性、45～54岁的女性较多。选择"我更想过节俭的生活"的人中，也是45～54岁的女性较多，有27.4%（见表4-2）。

表4-2 疫情下各年龄段女性的意识与行为变化

%

选项	18～34岁	35～44岁	45～54岁
我更加不愿意购买不需要的东西	20.9	29.0	34.9
我认为按自己的慢节奏生活更加重要	20.0	29.4	29.8
我更想过节俭的生活	20.0	21.7	27.4
我认为做自己喜欢的事、享受人生更加重要	22.2	26.8	26.7
我去超市购物、囤货的次数增多了	16.5	26.1	26.4
做饭的时间以及饭菜的种类增加了	14.9	18.8	22.6
断舍离更频繁了	13.5	25.4	21.9

选项	18～34 岁	35～44 岁	45～54 岁
我更加觉得家庭关系、夫妻关系非常重要	17.2	18.4	21.2
我更加觉得与其他人相见是一件愉快的事	19.5	20.2	20.2
我更想在平时就做好应对地震、台风、事故等灾害的准备	7.6	19.1	20.2
散步的时间增加了	11.5	18.8	17.8
我觉得每天通勤上班让人厌倦	23.2	21.7	17.1
玩游戏，看电影、动漫、漫画的时间增加了	19.3	21.0	16.1
居住的地方周围能去的商店变少了	6.9	15.4	15.8
看书的时间增加了（不包括漫画）	7.3	10.3	15.8
我认为在困难的时候政府应该加大援助力度	9.6	14.3	15.1
更想独处	14.0	16.5	14.4
我更加觉得每一个人都应该明确自己的责任，维持生活与经济的稳定	11.0	14.0	14.4
我更想要平衡工作与生活的关系	20.4	15.1	13.4
我想让生活更加合理化和高效	9.9	15.1	13.4
会更多地购买休闲类的服装和鞋子	7.8	12.9	13.0
更多思考自己的将来和职业发展	15.8	11.8	12.7

资料来源：文化分析研究所《疫情下的意识与行为变化调查》，2022 年。

这可能是因为 35 岁及以上年龄的人通常已经拥有很多物品，也有一定的经济基础，所以可以不乱买东西、过慢节奏的生活，甚至可以过不怎么花钱的生活，但是年轻人大多还没有条件购买太多东西。

在 18 ~ 34 岁的女性中，选择较多的选项有哪些呢？"我觉得每天通勤上班让人厌倦"（23.2%）、"我更想要平衡工作与生活的关系"（20.4%）、"更多思考自己的将来和职业发展"（15.8%），这些都是和工作相关的选项。35 岁以上的女性，多数是已婚人士，而且多数不是正规雇用者，所以她们的选择很少与工作相关。确实，对于年轻女性来说，疫情可能导致她们失去工作或收入减少，她们看到的都是疫情带来的严峻现实。别说乱买那些不需要的东西，她们可能连生活必需品都买不起。所以，对于她们来说，也许现在还不能悠闲自在地过着慢节奏的生活。

对年轻女性工作的负面影响

女性就业的企业通常是餐饮、零售、酒店、美容、福利设施等为人提供服务的行业。因此，疫情首先给她们带来了明显的影响。18 ~ 24 岁的女性中，有 9.3% 的人选择了"梦想和目标更加难以实现"（学生中有 14.6% 选择此答案），可以说这是一个让人感到十分沉重的数字。

选择"收入下降"的人中，从事服务行业的女性最多，占到23.5%，比女性整体比例 12.5% 高出了近一倍。男性中，从事生产相关工作的人在收入方面受影响最大，有 16.7% 的人表示收入下降，比男性整体比例 12.1% 高出近 5%。

收入下降后随之而来的是精神压力增加。在 18 ~ 34 岁的女性当中，"想住在安静的地方""更加寂寞、孤独了""更想独处""郊外比 23 区更舒适""希望家附近有可以一个人安静待着的'喫茶店'、咖啡厅、书咖""更加希望住的地方可以养宠物""希望家附近有市民农园、售卖当地农家蔬菜的地方"，选择这些选项的人，比上一代的人更多。

厌倦每日通勤的女性

接下来，我们来看一下关于居住地的回答。我们从性别划分来看坐电车[①]通勤的正规雇用者（公务员除外）的情况。

如表 4-3 所示，最多人选择了"我觉得每天通勤上班让人厌倦"（24.8%），其中女性占 36.9%。认为"郊外比 23 区更舒适"的人有 5.5%，而女性占 6.9%。选择"不用每天通勤，那就没必要花更多的租金在只有快车停靠的大站附近租房"的女性有 4.1%。同时，选择"更想住在公司附近"的女性有 6.9%。由此可以看出，在通勤以及居住方面，女性的意识和行为受疫情影响比男性更大。

---

① 电车：日本一般将地面行驶的轨道交通称为电车，也可以泛指包括地铁在内的轨道交通。

表 4-3　疫情下正规雇用者的意识与行为变化

%

	正规雇用男性	正规雇用女性	正规雇用男女合计
我觉得每天通勤上班让人厌倦	19.0	36.9	24.8
希望家附近有可以一个人安静待着的"喫茶店"、咖啡厅、书咖	3.9	13.1	6.9
更想住房间数更多的大房子	6.5	11.0	8.0
希望家附近有医院	2.9	10.0	5.2
希望家附近有熟食店、鲜食咖啡厅	2.9	9.7	5.1
更想住在安静的地方	7.9	8.6	8.1
希望家附近有优衣库、无印良品	4.7	8.6	6.0
希望房子有阳台、露台或绿植，可以呼吸新鲜空气，可以从窗户眺望远处的风景	3.1	7.9	4.7
希望家附近有按摩店、正骨店、瑜伽教室、普拉提教室	2.5	7.2	4.0
郊外比 23 区更舒适	4.9	6.9	5.5
更想住在公司附近	2.3	6.9	3.8
更想住面积更大的房子	4.9	6.6	5.4
希望家里有工作专用的房间	4.7	6.2	5.2
希望家附近有优质书店	2.8	5.9	3.8
希望家附近有便捷的健康咨询中心	3.6	5.9	4.3
更希望家附近有可供夜晚娱乐的场所	2.6	5.5	3.6
更想住可以养宠物的房子	2.6	5.2	3.4
更想住在距离地铁站近的地方	2.0	5.2	3.0

资料来源：文化分析研究所《疫情下的意识与行为变化调查》，2022 年。

女性更强的都市倾向

虽然好像有一部分人呈现出郊外倾向，但现实中因为疫情而搬家的人是少数。"因为疫情，从东京 23 区的核心区域搬到 23 区周边区域（大田区、世田谷区、杉并区、练马区、板桥区、北区、足立区、葛饰区、江户川区）居住"的人只有 0.8%。"因为疫情，从东京 23 区搬到了 23 区以外的区域居住"的人也只有 0.7%。

2020 年 7 月至 12 月的 6 个月间，从东京 23 区搬到 23 区以外居住的有 22 559 人，占东京 23 区总人口的 0.2%。如果这个搬迁速度一直持续 18 个月，那么到 2021 年 12 月，差不多会有占 23 区总人口的 0.7% 的人搬离东京 23 区。调查的数据结果与实际情况几乎一致。

从数据结果来看，从东京 23 区搬到 23 区以外的人只有男性。虽然我不太清楚具体的原因，但可能是因为正规雇用的女性多数都是单身，她们可能更喜欢在城市中生活。虽然都说疫情让人们产生了逃离城市的心理，但对女性而言好像并非如此。

正规雇用的女性对居住地的心态变化

疫情下，女性更想住在什么样的家里、更希望家附近有什么设施？对这两类问题，按回答的占比从高到低的排序来看，选择"更想住房间数更多的大房子""希望家附近有可以一个人安静待着的'喫茶店'、咖啡厅、书咖""更想住在安静的地方"的女性都很多，均占 10% 左右。可以看出大家都希望有一个安静、宽敞的环境。

接下来选择较多的选项是"希望家附近有医院""希望家附近有熟食店、鲜食咖啡厅""希望家附近有优衣库、无印良品""希望房子有阳台、露台或绿植，可以呼吸新鲜空气，可以从窗户眺望远处的风景""更想住面积更大的房子""希望家附近有便捷的健康咨询中心""希望家附近有优质书店""希望家附近有按摩店、正骨店、瑜伽教室、普拉提教室""希望家附近有澡堂、洗浴中心""更想住院子大的房子""更想住可以养宠物的房子""希望家附近有可以让人放松、让孩子自在玩耍的公园"等。可以看出人们追求健康且有文化气息的生活的意识增强了。

接下来，我们在 25 ~ 34 岁的女性中，按正规雇用、非正规雇用、全职家庭主妇三种属性来比较她们对于居住地的意识和行为变化（见表 4-4）。

表 4-4　疫情下 25 ~ 34 岁女性的意识与行为变化（关于居住地）

%

选项	正规雇用（含公务员）	非正规雇用（小时工、派遣员工、短时合同工）	全职家庭主妇	25 ~ 34 岁女性
居住的地方周围能去的商店变少了	11.0	11.1	14.9	12.6
希望家附近有医院	10.3	6.2	11.4	10.3
更想住在安静的地方	8.9	5.8	11.0	9.8

选项	正规雇用（含公务员）	非正规雇用（小时工、派遣员工、短时合同工）	全职家庭主妇	25～34岁女性
希望家附近有熟食店、鲜食咖啡厅	9.9	10.6	10.1	9.8
希望家附近有可以一个人安静待着的"喫茶店"、咖啡厅、书咖	11.7	9.7	7.9	9.6
希望家附近有优衣库、无印良品	9.6	11.1	7.9	9.0
更加觉得在居住地结交熟人、朋友，相互帮助，打造更好的居住地区非常重要	6.0	4.9	6.6	6.3
希望家附近有优质书店	5.7	7.1	5.7	6.1
希望有便捷的健康咨询中心	5.3	4.4	4.8	5.5
希望家附近有澡堂、洗浴中心	5.0	6.6	2.6	4.8
更想住在距离地铁站近的地方	4.6	3.1	4.8	4.5
更加关心和留恋自己的居住地	7.1	3.5	3.1	4.4
希望家附近有可以让人放松、让孩子自在玩耍的公园	3.9	2.2	7.0	4.2
希望家附近有大型商业设施	4.3	4.0	4.4	4.1
希望家附近经常举办类似于自由市场的充满个性的活动	5.0	3.1	2.6	3.9
更希望家附近有可供夜晚娱乐的场所	5.3	1.8	3.5	3.8
现在更加关注居住地、住宅楼的问题	5.3	2.2	2.2	3.7
开始去一些疫情发生前不太去的地方	3.9	3.1	3.9	3.4
不用每天通勤，那就没必要花更多的租金在只有快车停靠的大站附近租房	3.9	3.5	3.1	3.3
希望家附近有市民农园、售卖当地农家蔬菜的地方	3.5	2.7	3.1	3.0

资料来源：文化分析研究所《疫情下的意识与行为变化调查》，2022年。

25 ～ 34 岁女性的回答占比超过 9% 的选项如下：

·居住的地方周围能去的商店变少了 12.6%
·希望家附近有医院 10.3%
·更想住在安静的地方 9.8%
·希望家附近有熟食店、鲜食咖啡厅 9.8%
·希望家附近有可以一个人安静待着的"喫茶店"、咖啡厅、书咖 9.6%
·希望家附近有优衣库、无印良品 9.0%

此外，25 ～ 34 岁女性选择"更加觉得在居住地结交熟人、朋友，相互帮助，打造更好的居住地区非常重要"的，整体上占 6.3%，但 45 ～ 54 岁正规雇用的女性选择此项的则占 17.5%。

与之相似的回答，选择"现在更加关注居住地、住宅楼的问题"的人，整体上占 3.7%，但 45 ～ 54 岁正规雇用的女性选择此项的则占 5.3%。

如果再从有没有孩子的角度来看，选择"更加关心和留恋自己的居住地"的人中，正规雇用且有孩子的女性显示出更强的倾向，占 14.0%。这些受正规雇用的女性，原本就会因为孩子而关心、爱护学校、幼儿园等设施，而疫情让她们的关心和爱护程度进一步提升了。

45 ~ 54 岁没有孩子的正规雇用女性中选择"更加觉得在居住地结交熟人、朋友，相互帮助，打造更好的居住地区非常重要"的人也很多，占 20.9%。选择"现在更加关注居住地、住宅楼的问题"的人中，没有孩子的正规雇用女性的比例也更高。也许是因为这些女性没有孩子，所以在当地妈妈圈没有熟人或朋友，当疫情来临，她们才开始意识到在当地结交朋友是非常重要的。

日本人的理想居住地

受到正规雇用的人通常都住在地铁站附近的住宅楼里，可能也是因为这个原因，选择"希望家附近有可以一个人安静待着的'喫茶店'、咖啡厅、书咖"的人中，正规雇用的人略多。在地铁站附近的住宅楼里远程办公后，这些人更愿意去离地铁站稍远一点、面朝公园的咖啡厅休息放松，而不是选择地铁站周边的连锁咖啡厅。

例如，吉祥寺在日本非常受欢迎，一直是人们最想居住的街区之一，与之紧邻的井之头公园就对人们有着非常大的吸引力。在公园周边以及公园内，连锁餐饮店、非连锁餐饮店都很多。在井之头池畔有很多旧时遗留下来的茶室，也有一些老茶室改装的咖啡厅。在绿色树荫的环抱下，人们可以得到放松和休息。

最近由 RECRUIT ① 开展的一项调查显示，日本人最想居住的

---

① RECRUIT：日本企业，主要开展招聘、人才介绍、人才派遣、销售强化、IT 解决方案等业务。

街区排名第一的是横滨，第二的是吉祥寺，第三的则是大宫。大宫车站附近有很多高层住宅楼和酒吧街，是一个非常热闹的街区，不仅有很多连锁餐饮品牌入驻，昭和风的"喫茶店"、套餐餐厅也很多。而被绿植环抱的冰川神社参道以及参道附近，则出现了很多由个人经营的咖啡店，参道的东侧是非常宜居的住宅区。这样的街区，在疫情下一定会更加受到欢迎（见图4-1）。

图4-1　与大宫车站前的杂乱不同，冰川神社参道非常安静，咖啡店渐渐增多

资料来源：Takahito Ito。

在居住地排遣压力

上述调查中，回答占比为3% ~ 6%的选项有："更加觉得在

居住地结交熟人、朋友，相互帮助，打造更好的居住地区非常重要""更加关心和留恋自己的居住地""现在更加关注居住地、住宅楼的问题""开始去一些疫情发生前不太去的地方"等，这些都是有居住地倾向的回答。

此外，"希望家附近有便捷的健康咨询中心""希望家附近有澡堂、洗浴中心""希望家附近有可以让人放松、让孩子自在玩耍的公园""希望家附近有市民农园、售卖当地农家蔬菜的地方"这些回答，则体现出人们有疏解压力、放松身心的需要。"希望家附近有优质书店"这个选项，其实也是一种疏解压力，以及需要获得新刺激的回答。

最后（虽然没有在表里体现出来），有一些回答占比在3%以下的选项，例如，"我想参加帮助当地人解决困难的活动，并希望起到作用""希望家附近有社区咖啡店或儿童小饭桌，这样就可以和当地人一起吃饭、交流"，从这些选项中可以看出，人们对于居住地的利他活动的关心程度也在逐渐提高。

长期持续的疫情可能会让更多远程办公的人搬到郊外居住，可以预见，今后会有更多人追求在怡人的大自然和农村风景中过上健康的生活。此外，住在郊外的人之间的沟通交流也会越发活跃，由此也可以预见，今后会有更多共助性活动。

郊外倾向

具有郊外倾向的人

在《疫情下的意识与行为变化调查》的 100 个选项中，我们加入了"因为疫情，从东京 23 区搬到了 23 区以外的区域居住""因为疫情，从东京 23 区的核心区域搬到了 23 区周边区域（大田区、世田谷区、杉并区、练马区、板桥区、北区、足立区、葛饰区、江户川区）居住""郊外比 23 区更舒适"这样的选项。对这三个选项中的任意一个回答"是"的人，我将他们定义为"具有郊外倾向的人"。一共有 136 人回答"是"，男女正好各 68 人。接下来我们分析一下这些具有郊外倾向的人和其他人相比，在意识和行为上会有哪些变化。

选择"郊外比 23 区更舒适"的人中，居住在东京 23 区北部（荒川区、足立区、北区、板桥区、练马区）的比例较高（见表 4-5）。也就是说这些人如果想从东京搬往郊外的话，他们搬去埼玉县南部的可能性较大。前文也提到过，大宫、浦和、川口等埼玉市南部地区这几年人气高涨，已经成为人们首选的宜居地，这次的调查结果也佐证了这一点。在这次调查中，住在埼玉市的人回答"是"的比例较高。

表 4-5　认为郊外比 23 区更舒适的人的居住地统计

%

居住地	是	否	合计
东京都心、副都心	4.2	7.0	6.8
东京 23 区西南部	10.2	10.0	10.0
东京 23 区东部	7.6	6.3	6.3
东京 23 区北部	12.7	6.9	7.2
三多摩	16.1	11.4	11.7
三多摩的中央线沿线	7.4	0.0	6.5
三多摩的西武线沿线	5.7	11.2	6.5
横滨市北部	6.8	6.0	6.0
横滨市南部	3.4	4.4	4.3
川崎市	1.7	4.3	4.2
神奈川县其他区域	5.9	10.9	10.7
埼玉市	6.8	3.8	4.0
埼玉县其他城市	8.5	12.9	12.7
埼玉县各郡	2.5	0.6	0.7
千叶市	1.7	1.8	1.8
千叶县西部城市	9.3	9.1	9.2
千叶县东部城市	2.5	3.6	3.5
千叶县郡部	0.0	0.2	0.1

资料来源：文化分析研究所《疫情下的意识与行为变化调查》，2022 年。

此外，住在三多摩的人已经是住在郊外了，所以可以认为他们对三多摩的满意度很高。按地铁线路来看，中央线 ① 沿线的居民的比例较高，中央线沿线居民回答"否"的占比为 0。对比之下西武线 ② 沿线居民回答"是"的比例却较低，回答"否"的比例较高。同样是居住在三多摩区域的人，中央线和西武线的差别很大。

中央线沿线汇集了很多商业和文化设施，车站商圈、公园、绿地设施良好，在疫情中，中央线沿线居民生活中的不满之处较少。此外，在中央线沿线，男性哪怕是白天在街上转悠，也不会被认为是游手好闲，因为这里氛围比较宽容，非常适合远程办公。

相比之下，横滨市北部和南部回答"是"的比例较低。川崎市以及神奈川县其他区域回答"是"的比例也很低。横滨市港北区回答"是"的占比为 0，回答"否"的为 5.6%。横滨在宜居城市排名上常年不是第一就是第二，但疫情并没有进一步增加横滨的吸引力。

具有郊外倾向的女性的意识变化

在疫情下具有郊外倾向的人意识与行为变化，如果从性别来看，会发现男性与女性有很大的不同。女性回答较多的是：

----

① 中央线：由 JR 东日本公司运营的一条东西走向的轨道交通路线，从东京站出发一路向西横穿整个东京。

② 西武线：由西武电铁公司运营的轨道交通西武池袋线，从池袋站出发一路向东京西部及西北部延伸。

· 我认为做自己喜欢的事、享受人生更加重要 45.6%

· 我更加觉得家庭关系、夫妻关系非常重要 42.6%

· 我更加不愿意购买不需要的东西 42.6%

· 我认为按自己的慢节奏生活更加重要 39.7%

· 我更加觉得与其他人相见是一件愉快的事 38.2%

· 做饭的时间以及饭菜的种类增加了 38.2%

· 我更想过节俭的生活 38.2%

男女都选择较多的回答有"我认为按自己的慢节奏生活更加重要""我更想过节俭的生活"。

以上都是在意识、价值观层面相当根本性的变化。从女性对于居住相关选项的选择来看：

· 我觉得每天通勤上班让人厌倦 36.8%

· 更想住在安静的地方 33.8%

· 更想住房间数更多的大房子 29.4%

· 更想独处 26.5%

· 希望房子有阳台、露台或绿植，可以呼吸新鲜空气，可以从窗户眺望远处的风景 23.5%

· 希望家附近有可以一个人安静待着的"喫茶店"、咖啡厅、书咖 20.6%

· 更想住面积更大的房子 19.1%

· 不用每天通勤，那就没必要花更多的租金在只有快车停靠的大站附近租房 17.6%

选择这些选项的女性占比都高于男性的（见表 4-6）。疫情使得女性更加重视舒适的居住环境、住宅、工作方式、生活方式。

表 4-6　疫情下具有郊外倾向的人的意识与行为变化

%

选项	郊外倾向男性	郊外倾向女性	男性整体	女性整体
我认为做自己喜欢的事、享受人生更加重要	20.6	45.6	11.9	24.8
我更加觉得家庭关系、夫妻关系非常重要	17.6	42.6	9.5	18.7
我更加不愿意购买不需要的东西	26.5	42.6	14.2	27.2
我认为按自己的慢节奏来生活更加重要	35.3	39.7	15.6	25.4
做饭的时间以及饭菜的种类增加了	20.6	38.2	8.5	18.2
我更想过节俭的生活	30.9	38.2	14.7	22.6
我更加觉得与其他人相见是一件愉快的事	13.2	38.2	10.6	19.9
我觉得每天通勤上班让人厌倦	26.5	36.8	15.4	20.7
我更想要平衡工作与生活的关系	26.5	35.3	12.8	16.9
更想住在安静的地方	20.6	33.8	7.7	9.6
我去超市购物、囤货的次数增多了	22.1	32.4	15.2	22.0
更想住房间数更多的大房子	7.4	29.4	5.5	10.6

选项	郊外倾向男性	郊外倾向女性	男性整体	女性整体
散步的时间增加了	22.1	29.4	14.4	15.1
玩游戏，看电影、动漫、漫画的时间增加了	19.1	29.4	15.7	18.8
更想独处	14.7	26.5	7.8	14.8
我认为在困难的时候政府应该加大援助力度	16.2	25.0	8.2	12.5
我更想在平时就做好应对地震、台风、事故等灾害的准备	10.3	25.0	6.8	13.7
更多思考自己的将来和职业发展	25.0	23.5	9.4	13.8
希望房子有阳台、露台或绿植，可以呼吸新鲜空气，可以从窗户眺望远处的风景	10.3	23.5	2.2	7.4
断舍离更频繁了	17.6	23.5	7.1	19.2
我更加认为只靠花钱消费不能获得幸福	14.7	23.5	6.1	9.4
使用优步送餐、外卖的情况多了	5.9	22.1	3.8	8.9
我认为在紧急状况时应该加强政府的权力	14.7	22.1	8.0	9.9
想找一份收入更高的工作	10.3	20.6	7.9	10.7
希望家附近有可以一个人安静待着的"喫茶店"、咖啡厅、书咖	11.8	20.6	4.1	9.8

资料来源：文化分析研究所《疫情下的意识与行为变化调查》，2022 年。

远程办公

女性更适应远程办公

从调查结果看远程办公的情况，所有调查对象中"远程办公的工作日占一半以上"的人占 7.1%，"每周 1～2 天远程办公"的人占 5.1%。

正规雇用者中远程办公的工作日占一半以上的人占 11.1%，而女性则占 13.1%，超过整体的平均值（见表 4-7）。男性自由职业者中远程办公的工作日占一半以上的人有 17.9%，女性派遣员工则有 17.5%。总体来看，远程办公的女性比例超过男性，原因之一可能是哺乳期的女性本来就不可避免会有居家办公的需要。

表 4-7　不同就业形态的人远程办公的情况

%

职业	男性	女性	合计
自由职业	17.9	4.0	11.3
正规雇用	10.1	13.1	11.1
合同工（短期、长期）	3.4	11.4	7.8
派遣员工	9.1	17.5	15.7
小时工	1.6	2.5	2.3

资料来源：文化分析研究所《疫情下的意识与行为变化调查》，2022 年。

需要更大的居住空间

在"远程办公的工作日占一半以上""每周 1 ～ 2 天远程办公"这两个选项中选择了任意一个选项的人,以他们为分母再进行统计分析。表 4-8 展示了与居住地相关的情况。

表 4-8　疫情下远程办公的人的意识与行为变化(关于居住地)

%

选项	男性	女性	合计
我觉得每天通勤上班让人厌倦	45.6	64.2	53.9
更想住房间数更多的大房子	15.4	21.1	18.0
居住的地方周围能去的商店变少了	16.9	16.5	16.7
更想住在安静的地方	16.2	11.9	14.3
希望家附近有优衣库、无印良品	11.0	17.4	13.9
希望家附近有可以一个人安静待着的"喫茶店"、咖啡厅、书咖	7.4	22.0	13.9
购买或更换了桌子、书桌、椅子、书架用于工作	14.0	13.8	13.9
希望家附近有熟食店、鲜食咖啡厅	8.1	14.7	11.0
更想住面积更大的房子	9.6	11.9	10.6
希望房子有阳台、露台或绿植,可以呼吸新鲜空气,可以从窗户眺望远处的风景	6.6	11.9	9.0
希望家附近有共享办公室等可以工作的地方	8.1	9.2	8.6
希望家附近有医院	6.6	11.0	8.6
更加关心和留恋自己的居住地	8.1	8.3	8.2
现在更加关注居住地、住宅楼的问题	8.1	8.3	8.2
不用每天通勤,那就没必要花更多的租金在只有快车停靠的大站附近租房	8.8	6.4	7.8
郊外比 23 区更舒适	7.4	8.3	7.8

选项	男性	女性	合计
希望家附近有澡堂、洗浴中心	6.6	9.2	7.8
更想住院子大的房子	8.1	6.4	7.3
希望家附近有按摩店、正骨店、瑜伽教室、普拉提教室	3.7	11.0	6.9
希望家附近有电脑相关商品的商店	10.3	1.8	6.5
希望家附近经常举办类似于自由市场的充满个性的活动	2.9	9.2	5.7

资料来源：文化分析研究所《疫情下的意识与行为变化调查》，2022 年。

因为远程办公逐渐普及，选择"我觉得每天通勤上班让人厌倦"的人占 53.9%，是压倒性的多数。第二多的是"更想住房间数更多的大房子"，占 18%。

"更想住在安静的地方""希望家附近有可以一个人安静待着的'喫茶店'、咖啡厅、书咖"这种对安静的环境有需求的人也很多。

选择"更想住面积更大的房子""希望房子有阳台、露台或绿植，可以呼吸新鲜空气，可以从窗户眺望远处的风景""不用每天通勤，那就没必要花更多的租金在只有快车停靠的大站附近租房""郊外比 23 区更舒适""希望家附近有澡堂、洗浴中心""更想住院子大的房子"的人，占比都在 7% ~ 10% 之间。可以看出，因为远程办公的出现，人们对于自己居住的地方不仅仅是要求有地铁这么简单，人们更加需要开放式的、宽敞的居住空间以及可以放松休息的场所。

选择"更加关心和留恋自己的居住地""现在更加关注居住地、住宅楼的问题"的人也占 8.2%，人们对区域社会的关心正在萌芽。

高收入男性对居住地的期待

接下来，我们再看看不同收入的人在疫情下意识与行为上有哪些变化。男性之间的个人收入差距比女性更大，所以男性的结果也更加清晰，而且还有一些结果让人颇感意外。

在疫情下的意识与行为变化调查中，在最高一档年收入 800 万日元（约 41.6 万元人民币）以上的男性中，选择最多的选项有（不包括受工作内容影响的选项）：

- 希望家附近有市民农园、售卖当地农家蔬菜的地方
- 购买或更换了桌子、书桌、椅子、书架用于工作
- 购买基础化妆品的支出增加了
- 购买工作用的西装、内衣、衬衫、鞋子的支出减少了
- 希望家附近有在品质、设计、环保、原材料上具有特点的商店
- 希望家里有工作专用的房间
- 购买或更换了咖啡机、浓缩咖啡机、果汁机、搅拌机
- 我更加觉得家庭关系、夫妻关系非常重要

· 更想住在商业街附近

· 会更多购买休闲类的服装和鞋子

· 更希望家附近有可供夜晚娱乐的场所

可以看出这些高收入男性在疫情中不仅购入了工作用的家具、希望有工作专用的房间，还希望家附近有市民农园、农家的直销店、商业街、夜晚娱乐场所，以及可以放松身心的公园等（见图4-2）。

这些年来我一直在主张郊外生活需要有居民共享知识、经验、物品、空间等资源，以及可居住也可工作的场所，还需要有夜晚娱乐的地方。

除此以外，这些男性不但购买了更多的休闲类服装、鞋子，也增加了基础化妆品的购买，增加了咖啡机、浓缩咖啡机、果汁机、搅拌机、吸尘器、扫地机器人、空调、空气净化器的购买或更换。可以说疫情创造了许多全新的消费需求。

可以理解男士们为了换个心情需要喝咖啡或思慕雪，而购买咖啡机、浓缩咖啡机、果汁机和搅拌机。此外，他们会因为在意家里的灰尘而需求吸尘器、扫地机器人、空调或空气净化器。但男性对基础化妆品的需求也增加了，这又是为什么呢？

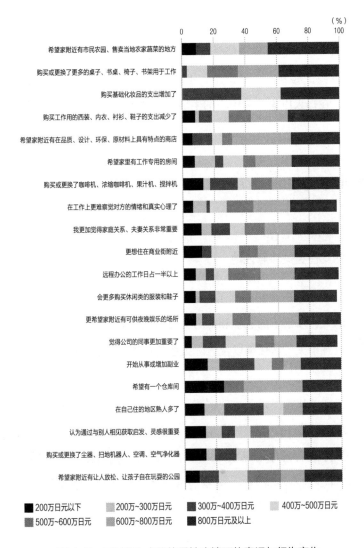

图 4-2 不同收入水平的男性疫情下的意识与行为变化

资料来源：文化分析研究所《疫情下的意识与行为变化调查》，2022 年。

也许是因为许多男性在参加远程会议时发现，在灯光照射下脸上的皱纹、雀斑显得格外醒目。最近男性祛斑面霜的电视广告确实也多了起来。在疫情中，不仅是女性，男性尤其是高收入的男性，在每天以家庭为中心的生活中也开始追求新的生活乐趣。

孤独与居住地

孤独的女性更关注居住地

在第三章中我们提到了孤独，那么"感到非常孤独""感到孤独"的人在疫情下的意识和行为会发生怎样的变化呢？我们也在调查中设置了关于居住地以及人际关系的选项，一起来分析一下他们的变化。

选择"我觉得自己更加寂寞和孤独"最多的是 35 ～ 44 岁的女性，最少的是 18 ～ 34 岁的男性。我们将两者回答的差值按从高到低的顺序进行排序（见表 4-9）。作为参考，我们在表中也加入了 45 ～ 54 岁的女性与 18 ～ 34 岁的男性之间差值较大的选项。

表 4-9 疫情下"感到非常孤独""感到孤独"的人的意识与行为变化

%

选项	男性 18～34 岁	女性 18～34 岁	女性 35～44 岁	女性 45～54 岁
更想独处	11.8	23.4	25.9	15.4
希望家附近有医院	1.1	7.8	13.8	17.3
居住的地方周围能去的商店变少了	9.7	8.6	22.4	25.0
希望家附近有熟食店、鲜食咖啡厅	3.2	7.0	15.5	19.2
我更加觉得与其他人相见是一件愉快的事	10.8	20.3	22.4	32.7
希望家附近有便捷的健康咨询中心	1.1	6.3	12.1	15.4
我更加觉得家庭关系、夫妻关系非常重要	5.4	10.2	13.8	17.3
希望家附近有按摩店、正骨店、瑜伽教室、普拉提教室	2.2	6.3	10.3	3.8
开始考虑换工作	6.5	12.5	13.8	11.5
失去过工作或换过工作（包括小时工、临时工）	3.2	7.0	10.3	15.4
更想住在公司附近	2.2	7.0	8.6	1.9
更想住在距离地铁站近的地方	0.0	7.0	5.2	7.7
更加觉得在居住地结交熟人、朋友，相互帮助，打造更好的居住地区非常重要	2.2	3.1	6.9	19.2
现在更加关注居住地、住宅楼的问题	1.1	3.9	5.2	9.6
更希望居住地有相互借东西、相互送东西的场所和机会	2.2	3.9	5.2	9.6
希望家附近有市民农园、售卖当地农家蔬菜的地方	0.0	4.7	0.0	5.8
更想住在商业街附近	2.2	0.0	0.0	7.7

资料来源：文化分析研究所《疫情下的意识与行为变化调查》，2022 年。

从结果能看出，选择"更想独处"的女性很多，选择"我更加觉得与其他人相见是一件愉快的事"的女性也很多。这两点并不矛盾，但也让人感受到了疫情强制一个人独处而导致的心理上的不稳定（请参考附录案例一）。

也许是因为这种精神上的不安，所以选择"希望家附近有医院""希望家附近有便捷的健康咨询中心""希望家附近有按摩店、正骨店、瑜伽教室、普拉提教室"的女性很多。

跳槽前景好的人不容易孤独

虽然"开始考虑换工作""失去过工作或换过工作"这两个选项与居住地、心理并不相关，但是因为我预测疫情下人们会更倾向于居住在便于跳槽的地区，所以特意加入了这两个选项。感到孤独的女性中选择"开始考虑换工作""失去过工作或换过工作"的人很多，其原因可能不仅是在工作中感到孤独，所以要跳槽这么简单，我认为原因是女性希望通过工作实现自我价值、获得更多人的认可，通过这种方式来疏解孤独。

便于跳槽的地方，就是雇用需求多样化且雇用需求量大的地方。如果只是普通的郊外住宅区，可能只能找到超市收银员这样的工作，但如前文提到的吉祥寺、大宫这样的地区，则有银行、证券公司、房地产公司、补习班、健身房的工作机会，以及百货店、有格调的杂货店、美味的烘焙店、漂亮的花店等，多种多样、数量众多的工作机会。如果住在这样的地区或附近区域，不用去东京市区也能在家附近找到合适的工作。所以，对于"更想住在公司附近""更想住在距离地铁站近的地方"的回答，可以从同样的角度来解释。今后，工作机会的问题在选择居住地时会成为越来越重要的考量因素。

居住地不仅可以用于居住，还可以用于工作，这就是所谓的"职住接近"。这样一来，人们白天、晚上都生活在同一片区域，就会慢慢培育出对这片区域的喜爱和自豪感。因此，选择"更加觉得在居住地结交熟人、朋友，相互帮助，打造更好的居住地区非常重要""现在更加关注居住地、住宅楼的问题"的人自然就会越来越多。

郊外社会的再生

重新审视郊外社会

疫情带来的另一个变化是城市结构的变化。东京 2022 年 1 月 1 日的推算人口数为 13 988 129 人，与 2021 年 1 月 1 日相比减少了 48 592 人。首都人口下降，这是自 1996 年以来时隔 26 年首次出现。2021 年，东京的迁出人口为 415 060 人，迁入人口为 418 957

人，迁入与迁出的人口差值为（社会性人口增长）3 897人，这也是历史最低值，但不管怎么说仍是增长的；而死亡人数减去出生人数的自然性人口减少为30 682人。这么看来，疫情导致的死亡人数上升给东京的人口减少带来了很大影响，而迁入人口更多的趋势也并没有完全停止。我们需要更细致地分析一下原因，也许是大量生育期女性或产前女性的迁出。

我也对人口从郊外迁入东京市中心的情况提出过质疑。考虑到大地震和疫情，我始终建议把人口迁回郊外。30 ~ 49岁处于工作年龄的人过去住在东京市区，现在他们的孩子都长大了，很多孩子也选择留在东京市区。如果大地震或疫情导致这些年轻一代的孩子受到伤害，那么对于国家来说是一大损失。

这次疫情带来的积极效果之一就是推动了远程办公的发展。今后住在郊区，在家办公或在共享办公室办公，应该会迅速得到普及。这对于郊外的各地政府来说是一个机会，它们必须明确：一个便于工作的郊外是怎样的郊外？与在市区工作有何不同？比起东京市区的"职住接近"，住在郊区居家办公除了不用每天挤地铁以外，还有什么优势？郊外的各地政府必须给出明确的方案。

如果日本社会的主流还是女性结婚后就成为全职家庭主妇，男性在市中心努力工作，那么居家办公就不会得到普及。最多是人们错峰上班，妻子对丈夫说："老公，要努力哦！上班路上小心。晚上早点回来哟！"这样的情景恐怕将一去不返，现实是结了婚、有了孩子但还在继续工作的女性数量不断增加，所以无论是男性还是女性，现在都需要远程办公。我们也不能要求女性下班后马上回家。

如此一来，人们开始反省市中心人口过度集中的问题，男性、女性都在郊外工作、购物、操持家务、生儿育女……我希望这样的生活方式能快速发展，最终创造出一种新的郊外生活。

受欢迎的城市

上文的数据已经非常明确地显示，一旦体验过远程办公，许多人就再也不想回到那种每天挤着摇晃、拥挤的地铁上班的生活。20多年前我也在企业工作过，后来成为社会学者后确实再也无法接受拥挤的满员地铁。出门的时候宁肯多绕道，也要避开新宿这种人流量巨大的地铁站和拥挤的地铁车厢。在不用通勤也可以上班成为社会现实的今天，可以远程办公应该会成为人们选择企业的标准之一。

如果企业允许远程办公，那花高昂的租金住在市中心就没什么必要了。对于那些希望住在自然环境更好的地方来抚养孩子的家长，这是求之不得的事。如果远程办公的方式一直持续下去，就将如调查结果显示的，人们就会希望院子里有绿树、外出可以呼吸新鲜的空气、有做体操或运动的地方。

在发生紧急事件时，以前人们可能犹豫要不要去公园避难，这时如果家里有一个宽敞的院子，就能解决问题。此外，工作之余有放松休息的地方，也是人们所向往的。

因此，我认为今后既便于工作又适合生活的城市应该具有以下共同点。

自然：有开阔的公园，公园里绿植环绕、湖光山色、空气流通。

娱乐：在工作结束后或在工作间隙有放松休息的场所或商店。

文化：有优质的书店、图书馆、美术馆、画廊等设施。

个性：不再只有千篇一律的连锁品牌店，城市里也有许多充满个性的个人店铺，从中可以获得许多启发和灵感。

市中心的居酒屋等三密场所①的聚餐会逐步减少，取而代之的是郊外居民自发利用郊外的空店铺经营起来的儿童小饭桌、夜间咖啡店、简单的饮酒场所等，而且这样的地方会越来越受到欢迎。

类似这样的场所，其实我曾经以"社区便利点"（Community Convenience Place）的名字，多次提出应该多多打造这样的场所

_____

① 三密场所：新冠病毒感染疫情期间容易引发感染的"密闭空间""密集场所""密接场面"被统称为"三密场所"。

（《日本人今后买什么？》）。如果以疫情为契机，社区便利点能得到普及，那还真是出乎意料。算是因祸得福，好的东西因疫情而得到发展与普及也是积极的变化。

疫情发生后，日本政府宣布进入紧急状态，城市中人们互动的场所被限制，但在郊外，居民之间的相互协助却日益增加，社区的力量不断增强。

因为疫情，人们希望悠闲自在、以节约的方式过上幸福的生活，希望拥有美丽的自然和宽阔的空间，开始重视与左邻右舍的人际关系，开始关心如何通过相互协助让居住的地区变得更好。可以说，在疫情下人们的意识与行为的变化中，尤其是在郊外，第四消费时代式的行为有不断增加的趋势。

但是，在本章开篇处我也提到，疫情推动下，不断发展的第四消费时代式的生活与价值观，其主要人群是35岁以上的女性，并不是年轻女性。年轻女性很难找到自己心仪的工作，许多人长年处于不得不放弃自己的梦想的状况。因此对于这些年轻的女性来说，自己的生活和价值观是不是第四消费时代式的并不重要，重要的是挣钱、获得满意的收入、在东京能完全自立，只有这样才能从"永远的孤独"中逃离出来。那些在疫情发生前全身心扑在工作上、对区域社会毫不关心的45～54岁的正规雇用女性，因为疫情她们开始意识到区域社会的重要性。但年轻女性还没有孩子，很难得到融入区域社会的机会。如果找不到好的工作，同时在区域社会中也没有容身之处，这些年轻女性的未来将会非常暗淡。我认为有必要将疫情问题也作为年轻女性问题的一部分重新进行思考。

年轻人特区、女性特区的必要性

我经常会受郊区的邀请，分享如何进行城市建设。城市建设的一大障碍是当地有权势的人都是一些思想守旧的老年人。地铁站旁边的购物中心关闭导致购物不便，老年人认为必须要再在这里开一家新的购物中心。他们不知道，购物中心关闭的原因之一是亚马逊这些电商平台的快速兴起，如果电商平台保持发展势头，那么再引入一家同样面积的购物中心恐怕也很难经营下去。

在我看来，今后的商场面积会比现在缩减一半以上，所以必须思考多余出来的土地要用来做什么。现在郊外的购物中心都是在 20 世纪 70 年代到 20 世纪 90 年代初日本第三消费时代中如雨后春笋般冒出来的。而今后人们需要的是第四消费时代式的事物，比如孩子的小饭桌，是为老年人和职业女性提供便利、支援女性抚养孩子的某个事物，是市民自发创造、实现并获得认可的活动场所，是链接人与人的共享活动，或是夜晚的娱乐场所。

然而，参与城市建设市民会议这类活动的人都是有闲暇时间的老年人，尤其是男性。通常 80% 以上都是男性，而其中的 80%

又都是 50 岁以上的。既要工作、又要带孩子的中年人很难参与这类活动，但组织方又不让他们通过视频的方式参会，也不把相关视频上传到 YouTube 上供大家观看。日本老年人很多，在行政上，确实不能忽视老年人的需求，这很重要，但现实中却出现了轻视在职的中年人以及他们的孩子的倾向，这非常不合理。

老龄男性对现在的年轻女性普遍拥有高学历的情况毫无概念，也许他们的女儿还是从早稻田大学毕业的，但他们却没有意识到高学历女性目前在日本到处都是。这些女性会结婚、生子，会作为正式员工进入企业，或作为非正规雇用员工工作，她们也可能选择自己创业……老龄男性对这些普遍现象完全没有认知，就更别说了解女性离婚率高、作为单亲妈妈的艰难、孩子处于贫困之中等各种各样的问题了。

地方城市比大城市更早进入超级老龄化社会，因此地方城市都非常希望吸引年轻人。我曾经问过一位住在地方城市的女性，据说地方城市更愿意倾听年轻人和女性的意见。东京的郊区到处都是身心健康但每天都无所事事的团块世代男性。与地方城市相比，大城市的郊区可能更不愿意倾听年轻人和女性的想法。

所以，我认为有必要在郊区打造"年轻人特区"和"女性特区"。受疫情影响，年轻人和女性在工作和抚育孩子上频频遭遇困境，所以应该让他们来主导城市的建设和规划。希望让 45 岁以下的人来参加城市的建设和规划，如果还能让更年轻的中学生们发表对城市建设的想法和建议，那就更好了。如果我们不能创造这样的场合，城市规划会议最终会变成倾听老年人意见的会议。为了打造第四消费时代式的地区，我们也需要这样的年轻人特区和女性特区。

结语

　　见田宗介被誉为现代日本第一社会学家。他的《见田宗介著作集》(岩波书店)的首发内容为第六卷的《生与死、爱与孤独》,其中收录了他的代表作《目光的地狱》等作品。从马克思到诗歌,见田先生都可以纵情论述。他思想中最底层的主题是"生与死、爱与孤独",当然还有"自由"。

　　让我感到诚惶诚恐的是,我在本书中也讨论了很多关于"生与死、爱与孤独"以及"自由"的问题。最初我只是打算写一本《第四消费时代》的增补修订版,但我偶然翻阅了三上刚史先生写的《社会学的恶魔主义》一书,受到了很多启发,于是开始思考人与人之间的链接,最终却变成了思考人与人之间链接的断裂。同时,现在许多人疯狂叫嚷着元宇宙产业的出现,在 2022 年 3 月还成立了一般社团法人元宇宙推进协议会。所以这也让我开始不断去思考,在一个全新的时代,"生与死、爱与孤独"以及"自由"会变成怎样的存在。

　　因为新冠病毒感染疫情,更多人感受到了孤独,女性以及未成年人的自杀人数也不断上升。其实,最近 20 年来,单亲妈妈、儿童虐待、贫困、贫富差距、自杀现象、独居老人等关于"生与死、爱与孤独"以及"自由'的问题，或者说是"自我责任"的问题，在日本社会不断加剧。所以从这个角度来看，元宇宙式的未来，也是今后应该给予更多思考、意义重大的主题。

写到这里，我接到了见田先生的讣告。向见田先生致敬并深切哀悼。

我在写这本书的过程中花费了不少精力。在写第四章时，因为找不到很好的角度来分析调研的结果，两个月的时间里我一直愁眉不展。2022 年 2 月底时，我就已经写好了底稿，之后就像画一幅油画似的，每天将所想到的内容一点一点添加上去，或重写、删改一些内容。第三章就是这样写完的（或者说还没写完）。在这之前，我已经很久没有思考关于现代文化、年轻人的事情了，所以写这本书对我自己来说还是挺有意思的。在写作过程中，我接触到很多人，从专业的研究者到女性酒吧的店员，我有机会一边和各种年龄的人交流、听取他们的想法，一边写作本书。这样的写作方式对现在的我来说也十分难得，对我帮助非常大。感谢各位的配合和帮助。

本书（日文版）的封面使用了插画师"凪^①"的作品。"孤独"是本书最大的主题，灵感就源自凪为东日本旅游铁道公司的 GALA 汤泽滑雪场所绘制的插画。后来我发现凪还给髭男的 MV 绘制过插画，于是我开始听髭男的歌曲，然后被 *Pretender* 这首歌深深地吸引。这才有了第三章对歌曲的分析。从这个角度来说，凪是我的"命中贵人"。感谢您绘制了一幅完全契合主题的作品。

---

① 凪：日文汉字，风停之意。

中文版结语

基于日本消费社会变迁的历史，我把 2005 年至 2034 年这 30 年定义为第四消费时代。但是，正如本书所述，根据我最近的观察，我认为将 1998 年至 2020 年这 23 年定义为第四消费时代更为准确。

如此一来，2023 年就应该归入第五消费时代了。因此，开始有许多心急的人来问我第五消费时代到底会是什么样子。

我认为第五消费时代应该是第四消费时代的进一步扩大；与此同时，随着 AI 等技术的发展，第五消费时代还会出现虚拟化的趋势。然而，我预测的这两个趋势其实又是相互矛盾的。

10 多年前我写了《第四消费时代》一书，当时这本书的大部分读者是 25 ~ 40 岁，现在他们已经是 35 ~ 50 岁了。10 多年过去，现在 20 多岁的年轻人其实已经有所不同。从统计数据就能看出，"重视人与人的链接""不购买奢侈品"这种典型的第四消费时代的价值观，在当下 20 多岁的年轻人中越来越少见。

10 多年前的年轻人，当他们读中学时，父母那一辈经历了日本的泡沫经济时期，这些年轻人成年后也享受到了泡沫经济的余波。但是，现在 20 多岁的年轻人，从一开始看到的就是日本经济不景气。因此，我并不认为第四消费时代的价值观会为现在的年轻人所接受。

从更长期的维度来看，第四消费时代的价值观也许也会渗透到 20 多岁的年轻人中。虽然我现在并不知道正确答案，但作为本书的结尾，我把我目前的假说整理如下。

再人格化与再生活化

从概念上来说，第四消费时代是对物质优先时代的批判，目标是要实现再人格化（回归人性）。比起物质上的富足，更加重视人与人的链接所带来的价值。因此，那些个人经营的独立商店，会比连锁门店、购物中心更加受欢迎。

此外，第四消费时代重新接受、认可了传统的生活方式。越来越多人喜欢去独立商店购物；用买来的东西或自家院子里采摘的原材料腌制泡菜、制作梅子酒、制作味噌。

五六十年前曾经司空见惯的生活方式又复活了。我把这种趋势命名为"再生活化"。可以说，比起虚拟的事物，人们更加愿意去追求真实的事物。

同时，AI 等技术的进步又推动了"去人格化、去生活化"的趋势。人们不再需要与人见面、不再需要去商店，只需要在手机上操作就可以购买任何商品，而且还会配送上门。手机软件还会给人们推荐商品。餐饮店也都不需要了，想吃什么都有外卖送上门。冷冻食品、冷藏食品、健康食品、保健品成为主流。企业只要确保商品的库存充足，配备一套线上订货、配送的体系就可以了（将来可能也不再需要用人工配送，而是使用无人机配送）。人们可以直接在网上欣赏音乐和电影。所以，一个城市其实根本不需要什么商店和电影院。店老板和店员也都不复存在。

在去人格化、去生活化的世界里，人们所享受的购物乐趣都存在于元宇宙中。人们都变成了阿凡达一样的虚拟人，在元宇宙中购买知名品牌的虚拟商品，并像给玩具娃娃换衣服一样、给阿凡达们穿上虚拟的新衣。

上述的"再人格化、再生活化"的趋势，与"去人格化、去生活化"的趋势，究竟哪个会成为主流呢？恐怕两个趋势都会成为主流。没有人的生活会遵从单一的趋势。我认为绝大多数人都会在三七开到七三开之间存在。随着 AI 化、虚拟化的发展，人们的生活也会越来越私人化。不用去商店、不用去餐厅。冰箱里缺东西了 AI 会自动下单补充。AI 还会念电视里的新闻给你听。开车当然也是自动驾驶。

因此，"今天想活得像个有人格的人""想活得真实""想和真人交往"……诸如此类的逆反心理会不断提升。这就是我说的再人格化和再生活化。

Wellbeing

随着 AI 的进步，随着再生活化的发展，商业设施将会如何变化？我认为购物中心的数量应该会减少，购物中心会逐步被 AI 驱动的电子商务取代。

我最近去了东京郊外位于立川的二次开发区域 GREEN SPRINGS，我感到新时代正在来临。GREEN SPRINGS 的主题就是 Wellbeing（幸福安康）。所谓的 Wellbeing，不是指眼下的快乐、愉悦，而是从人生整体的长度来看是否得到了幸福与满足。

GREEN SPRINGS 里几乎没有零售店，全是餐饮店。此外设有广场、河流以及生态公园。区域内安装了大量的椅子和长凳。人们可以在这里工作、用餐、休息和玩耍，综合了多样化的功能。在这里，不用购买任何商品、也不用特意去用餐，简单地买上一杯咖啡、坐在长凳上眺望远方，就会让人感到十分幸福。给人一种身处公园的感觉。我认为，像这样人性化的街区，今后会受到更多人的喜爱。

事实上，第一生命保险株式会社在自己所拥有的东京世田谷区的一块土地上开发的"SETAGAYA Qs-GARDEN"也提出了提升当地居民幸福感的开发理念，配置了面向家庭的多层住宅、诊所大楼、学生住宅、配备护理功能的老年住宅等。开发企业提出，要将这个街区打造为不同年代的居民都可以安心居住、充分交流，最终实现持续的健康生活的街区。

除此之外，许多日本的知名企业也将 Wellbeing 作为企业经营的方向。企业不仅要修建商业设施，更要和城市开发、社会保障、医疗、教育融为一体，朝着提升人们终生幸福感和满意度的方向而努力。

重新审视传统的用餐习惯

新冠病毒感染疫情也许也提升了 Wellbeing 的价值。根据日本政府总务省发布的《家计调查》来看，在新冠病毒感染疫情发生后，日本家庭的支出呈现几个特征。首先是预制食品的支出显著增加，尤其是大米、面类、烘焙类等"主食预制食品"的支出，2021年比 2019 年增加了 10.3%（统计对象为全国范围内 2 人及以上的家庭）。人们减少了外出就餐，购买便利店的便当等食物、带回家食用的人增加了。

自己在家做饭的人似乎也增加了。在日本，家庭购买大米的支出已经连续多年下滑，但 2014 年左右下滑的势头止住了，2020年，大米的支出比 2019 年增加了 4%。因为企业开始远程办公、学校停课，全家人整天都待在家里。因此，在家只要把米饭蒸好，一顿饭就差不多能对付了，况且用餐成本还十分低廉。所以，大米能自给自足也非常重要。

今后，我认为那些方便保存的国产蔬菜也会被重新审视。人们不用在蔬菜水果刚上市的时候去买高价商品，而是可以等到蔬菜水果都大量上市、价格降低的时候再考虑购买。方便保存的食品应该会被越来越多人的重新考虑。总之，传统的日本用餐习惯会受到新的思考和审视。我认为这也是再生活化趋势的一部分。随着新冠病毒感染疫情逐渐稳定，这种重视基础的生活行为会越来越普及。

我在第四消费时代的概念中所预想的人们的生活行为，其实与 Wellbeing 的概念中所设想的生活行为非常相似。如果要说有什么不同的话，我所设想的第四消费时代的主体既不是企业也不是消费者，而是普通市民。我认为人们重视共享、并不需要什么金钱也能过上幸福的生活的社会，才是最终的理想社会。

作为企业，当然不会去描绘一个不需要金钱的生活方式，事实上请我去分享第四消费时代的日本企业不多（主要都是中国的企业）。市民自主地开展生活与活动的这种第四消费时代的理念，它无法让企业获利，对企业来说应该是一个缺乏魅力的概念。因此，人们可能普遍认为巨型的购物中心今后很难获得更大的发展。如果只是要买个东西，完全可以通过电商平台购买，况且新冠病毒感染疫情还进一步助推了这种趋势。在人口下降、超老龄化、超少子化、个人化（孤独化）等趋势之中，人们应该会更加重视更小规模的、本地化的、区域化的东西。

此外，在第四消费时代中，或者说在 Wellbeing 的时代中，人们不得不更加重视自我充实（consummatory），而不是消费

（consumption）。非常重要的一点是，我们不能仅把人视作"消费者"，而必须从生活的整体逻辑去看待"人"。

当我们从生活的整体逻辑来看待人的时候，从生到死的这个时间区段的概念就变得十分重要。在这个维度上，人们不会去问"今天买了什么"，而是不断去想"今天要怎么生活？""今天是否感到了充实和幸福（最终是整个人生是否充实和幸福）？"。

在市场营销的范畴里，场景消费的概念在过去 30 年间得到了充分的重视，时间消费的概念也越来越受到重视。但是它只要是跟消费有关，企业就只会把人作为消费者来看待，多少就意味着希望对方把钱花在自己身上。哪怕关闭一些零售店，企业也会开出餐饮店、电影院、健身房、游戏厅等设施，从消费者身上赚钱。

当然，这就无法成为一个可以实现自我充实的、Wellbeing 的场所。人们更加需要可以在公园做体操、慢跑、散步、做瑜伽、打太极拳的商业设施，一个可以不花钱或者以很低的成本做自己想做的事情的自由的场所。

但是这样企业是无法赚钱的，所以商业设施中就会开出售卖这些运动的服装以及用品的商店，或者健身房。但是时代已经不同了，不是说在商业设施里开出商店、健身房或培训班就行了，商业应该更主动靠近平常人们运动的场所，像小摊贩一样去售卖商品，而培训班也不应该局限在商业设施里，人们希望它可以存在于各种不同的地方。

现实中，比如瑜伽或普拉提培训使用固定场所作为教室、由专属的老师进行指导的情况越来越少；由自由职业的老师在全国各地租借各种场地来进行指导的情况反而越来越多。由于有了发达的社交网络，这样的活动变得更加容易。这样一来，在商业设施中租下一个固定的空间开设教室可能就变得毫无意义了。

让人感到不可思议的是，以前，人们可以在咖啡店买一杯咖啡然后坐上 2 小时，和人聊天或看书；在书店不买书也可以站着看上 1 小时自己喜欢的书；在唱片店，可以自由地挑选唱片、试听，和朋友或店员聊天。但是，到了现代社会，商店里的人们竟然找不到这种从容不迫的感觉了。

所以，现在人们都愿意自己拿着饮品去公园，用耳机听在线播放的音乐，然后在公园里找地方一躺。就像东京丰岛区的南池袋公园那样，修一个草坪广场，在周围开咖啡店，人们就会在这里聚集、聊天、读书、吃便当。全国各地的人们都希望有这么一个场所，今后这样的场所也会越来越多。这不只是企业的营利性活动这么简单了，它更是市民、政府、企业的协同活动，而这样的活动也正在不断增加。

第五消费时代的 5 个"S"

现在，许多企业的许多业务板块都在推进 IT 化和 AI 化。企业可以通过 AI 进行市场分析，瞬间捕获消费者的最大公约数，掌握同质化的消费方式，并将这种无人格的、同质化的消费方式不断地推向大众。可以说，企业建造了一个虚拟的购物中心。

此外，IT 让长尾消费变得可能。哪怕是全日本只有 100 个人会购买的小众商品，你也可以在网上找到并买到手。所以，IT 也同时在推动人格化的、非同质化的消费。

对此，那些追求人格化消费的人，会尽量避免使用 AI 和互联网，而是选择以人与人的沟通为基础来进行生活。他们与商店店主对话，然后购买商品，在此过程中他们感受到愉悦。这些人会逐渐打造出前述的再生活化的社区。这些人都非常欢迎这种社区的出现。

综上所述，在 AI 技术不断推进的快速且规模巨大的消费社会中，我认为人们正在努力实现慢速的（slow）、小规模的（small）、软性的（soft）、社交的（sociable）、可持续的（sustainable）生活。在宽松舒适的小型社区中，一边与他人交往，一边过着慢悠悠的日子。这就是一种可持续的生活方式。

第四消费时代
案例集

令人怀念的未来

在附录中，我将介绍一些第四消费时代的典型案例。食用有机食品、使用纯天然的洗涤剂和化妆品、驾驶零排放的环保汽车、吃日本料理、收集日本料理餐具等都是第四消费时代中常见的行为，但我不会介绍这些个人化的消费行为。

"第四消费"中最重要的是如何打造人与人、人与地区之间的链接。如果无视与他人、与地区的链接，只是收集很多日本料理餐具，这和以前日本人四处扫货购买威基伍德^①、皇室哥本哈根^②等名瓷没太大区别。

如果仅仅是食用有机食品，这也并不是第四消费。如果没有在食用的过程中意识到食品生产者所付出的辛劳，没有去生产现场和农民们一起干农活，那就不能说这是真正的第四消费。

所以，第四消费时代的特征是重视"工作"与"食物"。在本书前文中我也提到，第四消费时代的消费者不只是单纯的消费者，他们作为生活者会尽可能亲自制作生活中需要的东西，如果不能亲自制作，也会想办法采取行动尽量参与生产。因此，他们会重视手工活、农事、小买卖等。这其中最不想交由他人负责、尽可

---

① 威基伍德：Wedgwood，英国瓷器品牌，创立于 1759 年，目前被视为世界上最具有英国传统的瓷器艺术的象征。

② 皇室哥本哈根：Royal Copenhagen，丹麦高端瓷器品牌。

能亲自参与的，就是会被吃进肚子的食物。因此，我们可以说第四消费时代的生活者都非常重视"食"，所以他们也就非常重视与"食"相关的手工活及其他工作。

对老旧的住宅进行翻新也是如此，如果只是购买已经被商品化的房子，那就只是一种单纯的消费行为。但翻新旧房会获得很多关于房屋的知识，获得很多关于木材、土地的知识。人们不再满足于坐享其成的消费，而是作为生活者参与旧房翻新、重生的过程，这才是生活的魅力所在。

通过参与劳动，生活者可以了解与商品构造、农药、大自然相关的知识，同时与提供这些商品的专业匠人产生多种多样的联系。双方不仅是出售商品和购买商品的关系，还可以进行多元化的交流与知识的整合，进而培养出生活者对生活的多元化认知。这才是第四消费的意义所在。

近年来，我时不时听到"令人怀念的未来"这种说法。"怀念"与"未来"的矛盾性其实折射出了一个问题：在日本现代化、工业化的过程中，我们舍弃了很多旧东西，然而这些被舍弃的旧东西中有很多是日本人在未来的生活中必不可少的。接下来将介绍的许多案例也是如此：一群没有血缘关系的人生活在一起；亲自参与食物的生产制作；努力不让自己被货币经济绑架；过着长屋①式的生活；等等。人们从过去日本人的生活中选取自己认为好

---

① 长屋：日本的一种建筑形式，指在水平方向上延伸、用墙壁将空间分割、每一户都拥有独立空间的建筑形式。通常为 1-2 层的结构。

的部分，然后再创造未来的生活。这就是"再生活化"的过程。

此外，距离《第四消费时代》首次出版已经过了 11 年，这期间我做了大量的采访，大多数都是与 20 世纪 80 年代前后出生的建筑师相关的内容。近年来，建筑教育也发生了很大变化，建筑不再局限于创作单个作品，而是致力于在一个地区打造一个更加开放的场所。接受这种教育的年轻一代建筑师不再是对旧的建筑进行翻新，对共享住宅和地区进行二次开发，而是以地区翻新的方式让一个地区更具活力。

虽然地方倾向是第四消费时代的特征之一，但附录的案例以东京圈为主，有 3 个是东京市中心的案例。一方面是我没有足够的时间和预算去地方城市进行采访调研；另一方面是东京市中心社区资源紧张，所以在东京市中心，具有第四消费时代特征的住宅变得更加重要。虽然这些案例住于东京市中心，但是它们是"高层住宅"，也就是说同样具有郊外的特征。同时，关于多摩新城，我参与了相关实践，其内容我将另写一本新书出版，请感兴趣的读者关注。此外，在我对秋田史津香女士的采访中，也已经指出了第四消费时代价值观在郊外的普及，以及这种价值观的必要性。

案例一　三鹰市：井之头菊石共享小屋

两对带着婴儿的夫妻一起打造小小的经济圈

濑川翠是建筑家。从学生时代开始，濑川翠就独自运营共享住宅长达 10 年以上，现在她本人也住在共享住宅里。她在三鹰市的房子是二手房。房子的天花板很高、有很强的开放感，窗外的景色也很美，屋内的装饰是自然风格。她在家时都是光着脚走来走去，光滑的木板地面用的是没有表面涂层的干净木材，触感很好。

濑川女士告诉我："其实最初我并没有打算通过共享住宅创建社区或融入这个地区。"但是在 2012 年最早创建的武藏境的共享住宅里，当时一位同住的房友 R 女士开始在院子里出售手工制作的小物品，这些小物品受到了周围居民的欢迎。这样一来，附近的爷爷奶奶就来问："嗯？你们在做什么？你们住在一起吗？"当时日本社会对共享住宅还没有太多的认知。9 个年轻人住在一起，不知道的人还以为是在搞什么宗教活动。所以濑川女士开始意识到，主动向周围发出关于共享住宅的信息是融入当地社会的方法之一。

住进共享住宅后不久，濑川女士就结婚了，随后 R 女士也结婚并怀孕了。濑川女士和 R 女士原本就想，她们俩无论是谁结婚、生子，两个人还是要继续住在共享住宅里。所以她们就打算一起新建一个可以抚育孩子的共享住宅，这就是井之头菊石共享小屋（INOKASHIRA AMMONITES）。濑川夫妇和 R 女士两对夫妻一起出资购买了一栋二手住宅，然后进行翻新。

濑川女士说："我真的非常期待孩子的出生。我虽然像是 R 女士的姐姐，但一想到她怀孕，我自己也会抑制不住母性的冲动，太不可思议了。当妈妈大概是这样的感觉吧。""虽然对于孩子来说，除了父母之外都是外人，但是出生在菊石共享小屋的孩子在其他大人的陪伴下长大，他们会是什么样呢？我自己要是有了孩子，也想让他和 R 女士的孩子住一间屋子。这样的话，两个孩子会不会像亲兄妹一样呢？想想都觉得太有意思了。"

共享住宅里的室友大多数都从事创作性工作，也有普通的公司员工，有吧台服务员兼木工兼 DJ 的男士，还有两名摄影师。其中一名摄影师还是营养师，她来到共享住宅后，大家的餐饮水平立刻得到了提升，濑川女士再也不用做饭了。一个人负责做饭，其他人用餐需要付钱，濑川女士是房东，餐费就直接从房租里抵扣了。有时候，因为工作需要也会请摄影师室友帮忙拍照，类似这种用工作抵房租的情况有很多。

住在共享住宅里，有时候还会和室友的老家产生联系。有一位室友出生于新潟县鱼沼，这位室友从老家给每个人邮寄鱼沼特产"越光米 ①"，以此抵消一部分房租。"比起房租，还是越光大米

---

① 越光米：一种日本大米的商标及同种水稻的品种。越光米在日本广为栽培、家喻户晓，是高档大米的代表之一。而其中又以新潟县鱼沼市出产的越光米最负盛名。

更好！"室友们也去过 R 女士的老家帮忙干农活。2018 年春天，6位室友一起去种田。

R 女士在 2018 年生下了第一个孩子，2021 年有了第二个孩子（见图 A-1）。成长于共享住宅的孩子比想象中有更强的沟通能力，也更加自立。可以和父母以外的室友一起泡澡，也可以一个人留在家里。因为和不同价值观的大人一起生活，所以他们在很小的时候就意识到父母的意见不一定绝对正确。而与孩子们一起生活，也会让那些还没有孩子的室友发生变化。在 R 女士生下第一个孩子时，室友们都不知道如何正确地抱孩子，而现在他们已经会换尿布、去幼儿园接孩子，已经完全掌握了有孩子的生活方式。而摄影师室友也有了新的业务：给孩子拍生日照片。由此可见，共享住宅能创造出新的工作机会。

图 A-1　两个小朋友和大人们一起生活的共享住宅

资料来源：Megumi Tange。

在新冠病毒感染疫情刚出现时，大家曾经讨论过要不要在共享住宅的公共区域戴口罩。最终大家决定，就像普通家庭一样，回家的时候做好消毒和体温测量，在家时正常聊天、吃饭。如果谁不小心感染了，大家就相互帮助。大家一致认为，这才是社区共同生活的意义所在。一旦有了这样的想法，大家对共同生活就有了更多的信心。

　　新冠病毒感染疫情发生后，不再像之前不断有人前来询问是否还有空房，有一段时间根本没人来询问。但过了半年，前来询问是否有空房间的人数激增，现在已经回到了疫情发生前的正常水平。据说在疫情中大家选择共享住宅的原因之一是"远程办公的时间越来越多，受不了一个人在家的孤独感"。可以说，人们想回归社区的念头战胜了害怕被感染的恐惧。现在，为了更好地适应远程办公的需要，菊石共享小屋不断进行个性化改造，比如给墙体增加了隔音层，在附近设立工作场所，等等，通过这些努力让大家一起共同生活下去。

案例二　埼玉市浦和区：常磐社区

与残障者共生的社区

在"二战"前，浦和是一个画家聚集的地方，甚至被称为"画家村"。经历了经济的快速发展期后，浦和逐渐发展成了在东京工作的上班族们的"睡城"，这些上班族也被调侃为"埼玉都民[①]"。这些埼玉都民也渐渐感知不到人与人之间的横向链接了。

其实现在的浦和汇集了艺术、文化、体育等各领域的专家，但在"二战"以后，日本逐渐自我封闭，这种独特的风景使得这些人的才华无法得到更好的发挥。

对这种状况一直抱有疑问的是船本义之先生。船本先生对日本的住宅、特别是租房的方式一直心存疑问。20世纪70年代，欧美人调侃日本人是"住在兔窝里的工作狂"，可见日本住宅的品质之差。

在那之后，日本人用于自住的房子品质得到了很大的提升，但出租房品质仍然处于较低水平。尤其从生活品质的角度来看，出租房的居住者常常宅在家里，连邻居是谁也不知道，和所在社区的其他居民完全没有沟通。船本先生希望打破这个局面。

---

① 埼玉都民：在日本通常将居住在东京都的人称为"东京都民"，埼玉县的居民应该称为"埼玉县民"。"埼玉都民"指那些住在房租低的埼玉县，但每天通勤去东京都工作的人。

后来，船本先生看上了一块地，从这里步行到京滨东北线北浦和车站西口需要 10 分钟左右，位于浦和区常磐 10 丁目①。这块地由埼玉工业株式会社持有，船木先生想在这里打造一个具有社区属性的租赁住宅，他打算将建筑的设计和施工交给当地的公司。在招标设计公司时，他表示想打造有社区属性的租赁住宅。最终，大荣建筑事务所带有中庭的设计方案得到了船本先生的认可。

但船本先生也知道，只是带中庭还不足以形成社区。为此，他去参观学习坂田夏水举办的"内装学校"，以及青木纯举办的"房东学校"。众所周知，青木和坂田一起携手打造了"ROYAL ANNEX""青豆 HOUSE"等住宅，成功地打造出了"有爱的租赁住宅"，以及具有社区属性的租赁住宅。船本先生找到了坂田，坂田表示打造有社区属性的住宅需要青木的协助，这样青木也加入了这个项目。

为了让人们住进来后自然而然形成社区，在建筑的设计上需要花费很多心思。此外，也要避免只有单身租户或只有家庭租户入住的情况。

最终，他们将户型定为开间（虽说是开间，但很多房间 2 个人住也足够宽敞）到两室一厅之间，在一楼设 4 户可以居家办公的住宅，外加一间店铺。住宅的玄关设在中庭的一侧，与住宅内的居住空间相连。住宅的另外一侧则面向道路，透明的玻璃窗可

① 丁目：相当于中国的"巷"与"胡同"，是町（街道）的下一级行政区划。

以自由开闭，门也是由一整块玻璃构成的。这样的设计让行人可以从街上看到室内的人工作的样子，如果行人有兴趣的话还会自然地跟室内的人打招呼。

二楼及以上楼层用于家庭住户。面向中庭的玄关和窗户都使用了夹丝玻璃，窗户可以打开，人们在自己的房间里也可以感受到他人活动的气息，打开玄关的大门就可以与住在对面房间的人打招呼互动。

关于一层的店铺，船本先生准备邀请当地支援残障者的非营利组织运营的糕点店入驻，船本先生希望打造出一个健全人与残障者共生的社区。

中庭对面是一个自由空间，除了常磐社区的居民，当地的其他居民也可以自由使用。这里可以用来教学、举办活动等，有着多样的用途（见图A-2）。屋顶还设计成了菜园，居民可以种植自己喜欢的蔬菜。

图A-2　许多孩子前来参加中庭的夏季活动

从一开始船本先生就明确了这个住宅是"社区公寓"的概念。他向每一个申请入住的人阐述常磐社区的理念，然后只邀请与他有共鸣的人入住。

从北浦和车站走到常磐社区的商业街，就会发现并不是整条街都使用现代化的卷帘门，有很多店铺是以前留下来的豆腐店、酒店、鱼店等，整条街有着良好的氛围。在日本经济高速发展阶段，这里有很多纺织工厂，原本就是一个普通居民居住的区域。我想能入住常磐社区的居民，也一定会和这条古老的商业街产生美好的链接，共同生活下去。

最早入住一层的居家办公区的是从事设计工作的直井薰子女士。直井女士就出生在浦和当地，从美术大学毕业后进了东京一家设计公司工作。后来她赢得了埼玉市公共关系杂志的设计竞标，在直井女士的设计下，人们完全看不出这是一份行政类的公共关系杂志，极具创意巧思。这样的公共关系杂志，相信市民也会十分愿意看。

直井女士非常想找一个开放式居所，既可以工作又可以居住，还可以对外开放部分空间。所以她一直在浦和及周边区域寻找这样的地方。偶然的机会，她从埼玉市官民协作负责人那里听说浦和要建一个叫常磐社区的地方，于是就向相关负责人申请成为居家办公区的住户。埼玉市最近艺术类的活动非常兴盛，这些活动也帮助当地居民之间建立了许多横向的链接。正是因为有了这些链接，直井女士才会机缘巧合地住进了常磐社区。

直井女士在这所居家办公住宅里开设了"CHICACU 设计工作室与书店"，它既是工作室也是一家书店，在这里她开始了开放式居住的实践。2022 年 4 月，在大宫冰川参道市立图书馆的原址上新建了一个叫"Bibli"的共享书架，而直井女士准备接手这个共享书架的运营工作。

作为一个长年研究郊区的人，我开始意识到对于郊区来说，它们所需要的概念是"创意性郊区"。不是住在高层住宅里、总去大型购物中心购物的消费型生活，而是一个可以居住、可以工作、可以交流、相互启发、设计并创造出全新生活的郊区生活，这是我的"创意性郊区"画像。常磐社区正是这种"创意性郊区"的先驱。

案例三 东京都杉并区：西荻 okatte①

男女老少一起吃饭，链接近邻更链接家乡

西荻 okatte 于 2015 年 4 月开业，位于从东京 JR 中央线西荻洼车站步行 15 分钟可以到达的住宅区内，是一个以"食"为主题的会员制公共空间。它拥有可供 3 户住户、1 家企业入驻的私人及共享空间，有着飘着木香的厨房、土间②、板间③，以及作为公共空间的榻榻米房间。

西荻 okatte 的会费是每月 1 000 日元（约 52 元人民币）。会员可以预约公共空间（付费）举办活动或聚餐，也可以参加工作日傍晚的"okatte 时光"，大家一起做饭、共进晚餐。活动的运营管理都由会员自己负责。

此外，会员中的创业者也可以另外多付一些会费，这样他们就可以在每月规定的时间内使用专用厨房进行营业，也可以把这里作为初创企业的创业场地开展餐饮活动。

西荻 okatte 的创始人是株式会社 CONVIVIALITY 的竹之内祥子女士。运营管理则由株式会社 N9.5 的齐藤志野步先生负责。

---

① okatte：日语"お勝手"的罗马音，意为大家一起吃饭的地方。

② 土间：屋内不铺设地板、露出水泥地面的房间。

③ 板间：铺设了地板的房间。

原本这里是竹之内一家居住的住宅，后来先生去世，孩子也都长大成人，居住成员减少了很多，此外房子也有遗产继承等问题。于是竹之内女士开始思考如何将多余的空间有效地利用起来。

通常来说，这种情况下房子会用来做公寓出租。但是竹之内女士认为当地社区老龄化严重、邻居之间的沟通也非常欠缺，她隐约觉得应该做一个开放式的居住空间，通过时间和空间的共享，为附近区域带来活力。

其实竹之内女士已经经营一家公司30多年，她认为今后不能只关注大众市场营销，预测以各区域为中心的小型经济将得到极大发展。因此她也希望开展一些可以顺应这种社会趋势的活动。

就这样，竹之内女士创建了一个附近的人们可以经常围坐在一起共享美食的"街道食堂"，人们也可以在这里开展关于小型餐饮商业（料理教室、料理工坊、料理指导、拌酱DIY、食材网购等）的创业活动。一个令人舒适且愉快，兼具厨房和餐桌的空间诞生了。

竹之内女士通过网络和社交媒体招募会员。通过在网上发布信息邀请感兴趣的人参加说明会，在说明会上认同竹之内女士的宗旨和愿景的人，竹之内女士会邀请他们成为会员。目前，会员共有50多名，多数为三四十岁的人，也有20多岁的年轻人和60多岁的老年人。其中女性约占80%，但男性会员也同样非常活跃。晚餐时，很多人会带着孩子、家人来参加okatte时光（见图A-3）。

图A-3　男女老少一起用餐，对饮食教育也大有裨益

西荻okatte举办过许多活动，例如"大家的食堂@西荻okatte"；播放大分县臼杵市关于饮食工作的纪录片《百年餐食》、展现使用臼杵制作餐食；孩子们为大人提供一顿美味餐食的"孩子食堂"；等等。此外，西荻okatte也有由会员发起、定期开展的料理教室，以及料理工坊等活动。

西荻okatte和咖啡洗衣房（请参见案例六）类似，人们把家务拿到外面来做，就可以实现近邻之间家务共担，从而打造与他人的链接，这一点非常有趣。

竹之内女士认为会员的活动其实已经超越了狭义的"餐食"的范围。例如，有会员创办了手工部以及园艺部。园艺部以一位女性园艺家为中心，她带领其他会员一起来修剪okatte庭院内的树木，一起种植家庭菜园。而男性会员也组建了"男子会"，大家搞起了乐队。也有会员开始创建西荻 okatte 的分支机构。某位会员在长野县将一处老旧的民宅改造成了类似 okatte 的设施，并将它打造成了共享空间。这位会员从事媒体、拍摄相关的工作，因为他在长野县也需要开展一部分工作，所以他为自己打造了这种双据点的生活方式。

okatte 与会员的家乡开始产生联系也是一件让人感到非常有意思的事。例如，在橘子的收获季，大家一起去某位会员位于小田原的老家一起摘橘子，并将其做成果酱和蛋糕；大家一起去群马县，下地收大米，并将其命名为"okatte 米"；也有精通农业的会员创建了水稻部并传授耕种技法；甚至有会员从老家将狩猎捕获的野猪肉寄来。

在西荻洼有许多住户自家带有院子，院子里种着果树。但随着社区老龄化的深化，许多家庭已经无力去摘果子。所以，西荻 okatte 的成员们也在想是否能帮助他们摘果子，并加以利用。

竹之内女士认为，西荻 okatte 存在的意义，是以"餐食"为契机，创造一种不只是地缘关系，也不只是兴趣小组的会员之间的自由的、扁平的关系。基于这样的扁平关系，西荻 okatte 为会员提供了一个能够培育出全新社会价值的场所，它的价值超越了现有的商业（消费）和志愿者（奉献）。也就是说，如果企业无法创造出这样的社会价值，那么这些先进的消费者就会自己先行动起来。

案例四　东京都下北泽：BONUS TRACK

在远离地铁站的地方重新打造木质商业街

第四消费时代所追求的价值观并不是不断打造新事物、将旧事物全都推倒重来；而是对旧事物也加以利用或者二次开发，打造与众不同的街道风格，强调这个城市独有的历史和风格。但并不是所有老旧的事物都会被保留下来。因此，我经常会被那些从事老旧建筑保护的人问道：应该怎么保留这些老旧的建筑？

不是所有的老旧建筑都会被保留下来，因此在修建新建筑时，我们需要思考如何将老建筑的亮点加入新建筑中去。哪怕是要拆掉老旧的建筑，城市也可以为这些老旧的建筑举办葬礼或告别仪式，而不是直接用推土机推平。这样一来，就会有很多人意识到原来这个建筑曾经如此受到人们的喜爱，下一次再有类似情况时，就会有更多人思考，有没有办法将它们保留下来，并更好地加以利用。谷中的 HAGISO（荻荘）就是一个例子，因为发现原来曾经获得这么多人的喜爱，老建筑的拥有者才开始思考，有没有其他方法可以对它继续加以有效利用，而不是直接拆掉。

此外，著名的"阿佐谷住宅"也是一个非常好的例子，它采取了将住宅的历史意义整理成册的办法。虽然阿佐谷住宅被拆掉了，但此后修建的公寓楼都多少借鉴了阿佐谷住宅的亮点。甚至有设计师在设计新楼时决意修建一栋与阿佐谷住宅相似的住宅楼。

从小田急线下北泽车站的出口出来，往世田谷代田车站方向步行五六分钟，就能看见一处由"TSUBAME 建筑"设计的类似长屋的木质商业街（见图 A-4）。这个商业街于 2020 年 4 月开业，它的理念是打造一个大家共同使用、大家共同培育的全新空间与街区。

图 A-4　新建的木质商业街采用了住宅的配置

众所周知，下北泽近年来租金高涨，现在能在这里开店的主要都是大型公司，例如手机运营商、奶茶店，刚刚创业的充满个性的商业租户很难进入这片区域。过去下北泽独有的由个性小店接连成片的街道风貌消失了。

因此，BONUS TRACK 的设计方 TSUBAME 建筑认为对下北泽的二次开发不需要对街道进行大规模改建，而应该维持下北泽原来的风格。他们与业主方小田急电铁公司不断协商，最终确定了街区的设计方案。TSUBAME 建筑吸收了原来木质建筑的优点，设计了 10 栋 2 层小楼的商业街，每间店铺平均约 33 平方米，一半用于开商店、一半用于居住，月租金 15 万日元（约 7 800 元人民币）。这个租金水平对于东京的繁华商业区来说是非常低廉的。在运营上他们要求不能只是开店，而是需要能在 2 楼居住生活的"商住一体化"的租户，通过这样的企划引入了很多非常有意思的独立商店。

此外，设计方允许租户在建筑的外立面自行更换装饰，也允许租户向外扩展商店，从而推动租户之间积极的互动。而 TSUBAME 建筑作为地区管理方也会对各家租户的内装进行监督。

在 BONUS TRACK 里，除了餐饮店、零售店之外，还引入了共享办公空间和共享厨房、广场等设施。运营方希望通过这样的设计，让来到 BONUS TRACK 的每一个人都参与到打造 BONUS TRACK 全新文化的过程中。此外，BONUS TRACK 不希望只成为一个封闭的经济圈，这里设立了中庭、画廊、共享休息区等区域，每周都会举办各种活动，并邀请当地或外部的人员参与，运营方希望通过这些措施来发展 BONUS TRACK 的外部经济。

在进行设计时，设计方也调研了下北泽及周边区域，他们仔细地观察了各个店铺和住宅所使用的材料以及建造方式,通过改变、调整 BONUS TRACK 的外立面来配合街区的走向。实际在 BONUS TRACK 中走一走就会发现,这里充满了楼梯外置的木质公寓的氛围(正如我年轻时居住过的地方一样)。同时,我们也能充分感受到类似槙文彦设计的代官山 Hillside Terrace 的亮点,那种细心安排每一栋建筑的位置关系而形成的景观设计。光线充足、空气流通,沿路也有供行人稍作休憩的长凳,到处都是绿植……与其说它是以前就有的商业街,不如说它是在精心设计的新城市主义的住宅区中诞生出的商住一体化街区。

日本各处都在推进轨道交通车站周边的二次开发,所用的方法几乎都是修建很多高层公寓,再引入很多装修精致的连锁品牌门店。然而 BONUS TRACK 的出现,是对这种旧城二次开发模式的颠覆。我去看过 BONUS TRACK 的施工现场,以及完工后的样子,在二次开发的过程中,设计方和施工方始终想把下北泽独有的喧闹,自由又有点无序的氛围保留到新建筑中。对于这一点,我高度赞赏。

此外,BONUS TRACK 的店铺招租与配置建议由一家叫"散步社"的新公司统一管理。散步社的创始团队来自专注社区营造的网络杂志 greenz,以及下北泽的一家书店"B&B"。通过有这样背景的团队,BONUS TRACK 想实现仅靠业主小田急电铁无法达成的新鲜感。

TSUBAME 建筑的山道拓人先生说："我并不想在车站前的繁华地段打造一个引人侧目的'商业设施'，我专注于打造出一个可以帮助车站与车站之间的人们更好生活的'商业街'。""在住宅区中，采用两用住宅——也就是像以前的街道报刊亭那样上面住人、下面工作——的方式，那么建筑中 49% 的面积在某种程度上可以有其他不同的用途。在住宅区中汇集多个这样的两用住宅，住宅与住宅之间的空间不建围墙，就可以在住宅区内创造出供人们聚集、活动的空间。"

但是，BONUS TRACK 的开业正好碰上了新冠病毒感染疫情。对于一个汇聚客流的设施来说，这是最糟糕的开场。疫情发生后，山道先生说："现在必须认真地思考非车站中心式的开发方式了。以车站为中心的开发，距离车站越近价值就越大，最终修建了许多与车站直通的高楼。已有的商业街走向凋零，城市不断量产出毫无个性的街道来。""但是疫情发生后，各个地区的共享空间的含义发生了变化。许多生活在东京市中心、居住在狭小房间内的家庭突然发现家庭成员无法同时各自进行线上会议。这些从来没有遇到过的问题现在却迫在眉睫。现在许多当地居民与我们签约，除了自由职业者之外，也有许多大企业的正式员工，他们将这里作为远程办公的地点，而这样的情况越来越常见了。就我自己来说，现在和家人一起吃晚餐的时间越来越多，和以前相比，现在的生活方式更加让人觉得幸福。"世田谷区的空屋多达数万套，BONUS TRACK 的商业模式也被视作解决周边空屋问题的典范。"年轻人对这些木质住宅进行翻新，建筑物本身也能得到很好的利用，我也切实地感到街道的风景变得更好了。此外，那些生意做得比较成功的人，随着企业的发展他们其实也不用去别的区域租用更大的空间，如果我们可以创造一个利用当地空屋的机制，那么我们就可以同时解决空屋问题和创新孵化问题，产生相乘效果。"

案例五　东京都台东区：谷中HAGISO

整个街区成为酒店，感受日常生活之味

最近10年，建筑家宫崎晃吉在谷中开展了许多全新的活动。

听说自己和朋友们从学生时代起就一直居住的公寓要被拆除，宫崎晃吉就为公寓举办了一个名为"HAGIENNALE"的葬礼艺术活动。在3周的时间内，活动吸引了1 500人前往观看。大家纷纷议论说这个走廊不错，这个水龙头好有特点……公寓的业主听到后喃喃自语道："把它拆掉是不是太可惜了。"宫崎先生听到业主这么说，就立即拿出了"HAGISO（荻荘）"的改造方案。宫崎先生和业主共同出资对房子进行了翻新重装，并且引入了自己的设计事务所、咖啡店以及画廊。2013年，翻新完工后的HAGISO正式开业（见图A-5）。之后，2015年他们又将HAGISO附近的一栋旧公寓进行了翻新重装，改建为hanare酒店。酒店客人可以在HAGISO办理入住手续，同时HAGISO根据客人的需求，为他们提供街区信息和店铺信息。酒店的早餐也安排在HAGISO的咖啡店里。

街区信息会介绍在日式老房子中举办的各种活动、萧制作与演奏工坊等信息。hanare在晚餐时间又会根据客人的需要提供相关的店铺信息。hanare没有浴室，但是在住宿费中包含了附近日式澡

堂的入场券。在这里，人们不只是住宿，还可以在街上漫步，真实地感受着街区的魅力和日本的魅力。虽然酒店一共只有 5 间房，但从开业起入住率就超过了 80%，其中外国游客占 80%。

图 A-5　HAGSO 成为受欢迎的场所

也就是说，谷中的老旧建筑并不会被拆除、重建，而是会被翻新。通过建筑之间的结合和共享的机制，整个街区被打造成一家完整的酒店。宫崎先生将这样的街区命名为"町宿"，并为此设立了一般社团法人"町宿协会"。现在函馆市以及北九州市的小仓地区也加入了这个协会。

　　宫崎先生原本在矶崎新工作室工作，他还参与过一个大规模的中国建筑项目。此外，他的出生地前桥市逐渐变成了购物中心扎堆的城市。对于城市面貌逐步快餐风土化的现象，他感到不能理解。同时，他在经济高速发展的中国不断地开发郊区、在郊区修建巨大的购物中心，他对自己这项工作也感到了疑惑。宫崎先生在中国工作时也住在老旧的木质房屋里，非常享受与邻居之间的交流。他发现自己非常喜欢这样的生活。

　　在2011年"3·11"东日本大地震发生时，宫崎先生作为志愿者前往灾区，但发现作为建筑师竟然没办法发挥任何作用，这让他感到非常气馁。这些事情让他开始重新思考：作为建筑师，能否为人们平常的生活做点什么？因此，在谷中这种为旧街区翻新改造并赋予全新含义的工作中，他开始感受到了意义。

　　2017年，宫崎先生将一处老旧的民房改建成了TAYORI咖啡店，店名TAYORI在日语中是"消息、来信"的意思。他希望这里成为客人与食物的生产者之间交换信件、相互链接的地方。实际上还真发生过动漫中才有的故事情节：客人给生产者写信说餐食太美味了，然后生产者给客人回信，才发现生产者的一个朋友跟这位客人以前是同学。

　　宫崎先生的设计事务所现在从HAGISO搬到了千驮木的一栋老旧建筑中。因为面积很大，宫崎先生将一半的空间用来开设文化教室。宫崎先生并不只是将场地出租给办课方、邀请名师来讲课，而是通过社交媒体和传单在当地招募想成为讲师的人，然后讲师与宫崎先生一起招生开课。

通过这种方法，宫崎先生在开业初期开办了 17 次课程。第 2 期增加到了 25 次课程。教室内有厨房，所以也可以举办料理类的课程。课程内容不只是料理，也包括了速写、浴衣①的穿法、针线活、造型、音乐等多种多样的内容，其中 80% 的课程讲师都是女性。宫崎先生说："通过唤醒那些在街区中沉睡的、具有专业讲师能力的人才，形成一个全新的网络，这让我自己的工作也颇为受益。主妇们的潜力难以小觑。现在从事复业（不是相对于主业开展较为次要的副业，而是同时从事多项同样重要的工作）的人也很多。希望这些能力也可以助力她们的职业发展。"

宫崎先生认为人不应该只是单纯地消费被给予的事物，他想不断为人们创造出可以主动参与生活的各种场所。

---

① 浴衣：YUKATA，和服的一种，通常较薄、一般直接裸身穿着。通常它也被视为一种简化的和服。

案例六　东京都墨田区：咖啡洗衣房

被街道上的人注视的愉悦

2018 年 1 月 5 日，东京墨田区开了一家咖啡洗衣房，它的有趣之处在于"零规则"。客人在店内不仅可以吃吃喝喝，也可以自由活动。某天，一个孩子的妈妈问工作人员：我可以用咖啡洗衣房内的办公桌做面包吗？当负责人回答说"可以"后，她真的邀请了很多妈妈聚集在咖啡洗衣房内做面包。还有一位妈妈，将自己出于兴趣做的配饰拿到咖啡洗衣房展示、销售。这里有人来插花或销售唱片，也有人用这里的电脑工作、开会商谈，还有人在这里发呆。还有一位老大爷，自己一人在公园溜达，碰见了一位熟识的妇女，结果被她带到咖啡洗衣房，最后老大爷成为这里的常客。有时因为客人的灵感，咖啡洗衣房会变成 KTV 咖啡店或迪斯科舞厅。

咖啡洗衣房所在地，近年来新建了许多高层住宅，吸引了大量带孩子的家庭入住（见图 A-6）。但是，附近却找不到可以让这些家庭聚会的地方。可以自带孩子喜欢的食物、自由自在地做自己喜欢的事情、可以做家务或工作，这样的场所曾经让人难以想象。但咖啡洗衣房却将这些想法都一一实现了。

图 A-6 孩子和家长一起待在这里，家长自带食物

　　许多妈妈会带着孩子一起来咖啡洗衣房。她们还会带着孩子的食物，并且可以毫无顾虑地在妈妈中相互分享。我去采访的当天，碰见几个 3 岁左右的孩子在店内来回跑动、一起做游戏。后来我写了一篇关于咖啡洗衣房的文章，有客人将这篇文章剪下来贴在店内的剪贴本上。

　　我找到这位做剪贴本的女性，跟她聊了聊。她说："我觉得这就是我一直想找的地方。以前幼儿园放学后，只能带孩子去公园。家里很小，而且在家里就是生活的模式，除了做家务、带孩子，很难有心情做别的事。我是一个喜欢做点手工活、针线活的人，在这里我可以做很多自己喜欢做的事，真的觉得很开心。现在我每天都来这儿。"

田中元子女士说："我希望大家都认为'这就是属于我的地方，这个地方就是可以供我使用的'。我希望来咖啡洗衣房的各位都可以将这个地方物尽其用。""通常，空间都会有个人化的趋势，这样一来，每个人的个性就会被隐藏在家里。插花的人、做手工的人，大家都做着各种各样有趣的事，但是没有地方可以展示出来。而在洗衣房，每个人的个性都会被释放出来。希望大家不要将它视作一个封闭的空间，而是把它看成是一个开在一层临街的公共空间，这样整个街区也会变得更加有趣。""虽然有时人们会在高层建筑的顶层修建公共空间，但是在街道上好像没有这样的地方。洗衣房就在一楼，街上的路人可以透过玻璃看到里面的情况。如果是高层住宅，谁也看不见里面。如果始终关在家里，哪怕做同样的事，因为谁也看不见，自然也无法获得他人的评价和认可。但是在洗衣房就不同，一定会有人对你做的事感兴趣。在洗衣房的人会和街上的行人目光交汇、相互打招呼问候，可以被街上的行人看见，这本身就会带来愉悦感。"

新冠病毒感染疫情期间，在政府发布第一次紧急事态宣言后，咖啡洗衣房缩短了营业时间，但仍坚持营业。当时如何做抉择相当令人苦恼，但最终员工的一句话让经营者下定了决心："您不是明明写了'无论谁都应该享有自由的舒适'吗？虽然现在有疫情，但每个人都有自己的思考，也有自己的生活方式。"在紧急事态宣言下，大家确实都减少了外出，但仍然有人需要出门购买生活必需品、出门遛狗，可能会在附近走动。虽然人们不一定会来咖啡洗衣房，但作为经营者，他们不想将街区那盏带来烟火气的灯熄灭了。

虽然紧急事态宣言对于带孩子的客人，以及老年人非常严格，但也发生了一些有趣的事情。那些被要求在家远程办公的上班族偶然发现了咖啡洗衣房，便开始拿着笔记本电脑来洗衣房工作。在平时的通勤生活中，他们早上出门时咖啡洗衣房可能还没开门，晚上回家时咖啡洗衣房已经打烊了。他们平时没有机会接触到这个地方。逐渐地，有的人成了咖啡洗衣房的忠实支持者。当他们不再远程办公、可以回到公司工作时，竟然有人叹息"明天就要恢复正常了，没办法来这里工作了"，他们怀念在咖啡洗衣房工作的那些时光。

新冠病毒感染疫情给了人们重新思考各种事情的机会。在"新生活范式""新常态"等新词汇不断涌现的当下，到底该怎样生活才是自然的生活？到底应该怎么做才是正确的？咖啡洗衣房选择了一条以不变应万变的道路，坚持前行。

案例七　东京都中央区新川 : 明祥大厦

在印刷企业的大楼里诞生的长屋

现在，东京中央区各处新建了许多高层住宅，除了本地居民外，又从外地迁入了许多家庭，例如年轻夫妇的家庭、带孩子的家庭、单身家庭等。众所周知，大约 15 年前东京中央区东改造了许多日本桥、马喰町周边的老旧建筑，吸引了众多新店铺，以及企业的入驻。

建筑师大和田荣一郎先生与井上湖奈美女士两人组建了 Soi 团队。2017 年 12 月，Soi 在东京中央区新川设计的明祥大厦竣工，这个大厦可以被视作一个 21 世纪对传统长屋的有趣尝试。

明祥大厦原本是一家印刷企业的总部大楼，大楼共 5 层，老板的家就在大楼的最顶层。因为楼体已经非常老旧，所以老板小森洋一先生就开始思考有没有其他方法可以对大楼重新加以利用。他先是找了大型房地产开发商沟通，但发现除了高昂的费用之外，这些大企业也拿不出令他满意的方案来。

此后，他遇到了 Soi。Soi 讨论了许多种可能性，最终给出了方案 : Soi 将自己的办公室和居所搬入明祥大厦。但是如果只是他们自己搬进去，这事还不够有意思。另外的 4 层楼该如何利用呢？不如将它打造成一个向当地开放的场所。在东京千驮谷的神社，

Soi 就曾举办过"千驮谷小镇市场"的活动。Soi 始终认为他们的工作不仅是设计建筑体本身,设计建筑与当地社会的关系也是他们的一大职责。因此,对于明祥大厦,他们也开始构思如何让大厦的入住者与新川当地的居民(大多数都是商店的经营者)建立良好的关系。

Soi 希望大厦不只是简单地用来居住或办公,他们希望能募集工作、生活都在大厦里的人。在东京的中心地区拥有一间办公室,这对于很多人来说不管在商业层面,还是在个人层面都会带来很多机会。Soi 希望邀请珍惜这个机会的人成为明祥大厦的住户。

如此一来,Soi 的办公室兼住所要如何设计,也需要二人下一番功夫。考虑到最后,二人决定将 Soi 的办公空间向另外 4 层的住户开放,同时也向他们的朋友、合作的创作者开放。如果大家要使用这个空间举办课程或活动,就可以将这个空间租赁出去供大家使用。如果用住宅的户型来形容 Soi 的办公室兼住所,那就是在一间屋子里只有两个人的私人空间:只是将靠窗的空间作为 Soi 的办公室,餐厅、厨房、浴室、卫生间都是与其他人共享的空间。

其实大厦的每层都有卫生间,有的卫生间可以淋浴,但是只有 5 层的浴室可以泡澡,并且这里向所有人开放。厨房也向其他住户开放,餐厅不只是用来吃饭,开会、接待客人都可以。

Soi 也想尽办法将顶层打造成大家都可以使用的空间,顶层的洗衣机由所有人共享，顶层也可以举办烧烤聚会。一层的咖啡厅的部分空间被布置成了画廊，他们打算在这里举办一些活动，以促进大厦住户与当地居民的交流（见图 A-7）。

图 A-7　住户、朋友、邻居聚集在一起

　　此外，大厦的所有住户每个月举办一次聚餐会，大家各自带食物来参加，大厦的老板有时也会来参加聚餐会。附近的一家老店"今田酒店"的老板娘每天来大厦三四次，她非常喜欢这里。今田夫人说："我一直就在找这样的地方！"今田夫人从大阪嫁到今田酒店已经十多年了。她非常了解以前那种地方社会的氛围。

而新川曾经是这样的地方，自从江户时代 ① 以来，利用隅田川便利的水运交通，沿河出现了众多的酒水批发商。现在，富冈八幡宫的神轿仍然在使用。这个街区有着悠久的历史，但逐渐地，商店越来越少、工厂越来越少、居住的人也越来越少。现在，这里新建了很多高层住宅，人口数量得以回升，但今田夫人觉得少了很多乐趣。她希望这片区域能像以前那样热闹、能真切地感受到人与人之间的链接，而明祥大厦实现了她的愿望。

关于让谁入住其他4层楼的问题，Soi 向他们在各种场合认识的设计师发出了邀请。房间以毛坯的方式交付，入住者可以按照自己的想法装修、布置：铺上地板、贴上墙纸，摆上他们喜欢的各种家具。

一楼是咖啡店。他们和周围有想法的居民一起动手布置，将附近的公园整装一新，并在这里举办各种活动。举办活动获得的收益重新投入街区的改造。他们渐渐让人、店铺、地区之间有了良性循环。

二楼是九州八女市的一家企业经营的店铺。这家店铺主要售卖九州各地的服装、坐垫、靠垫、餐具等。一楼和二楼店铺的店长不住在明祥大厦里。二楼还有一个区域，住着一位来自山形县的女性设计师。她制作并售卖西服和各种杂货。她的所有商品都

---

① 江户时代：1603 ~ 1868 年，江户幕府（德川幕府）统治的时代，也是日本最后一个幕府时代。1868 年的明治维新让江户时代走向终结。

由她亲手设计。在山形县当地，消费者还是更加倾向购买"大城市"的商品，而喜欢她设计的商品的人不多。所以，她认为应该到东京来开店，这里会有更多的机会。

三楼也分成两个区域。一个区域是两名珠宝设计师的工作室。因为制作珠宝需要使用明火，出于安全考虑，工作室的位置会受到一定的限制。而明祥大厦整体是钢筋水泥结构，所以这里作为珠宝工作室相对安全。

四楼是鞋履设计师的工作室兼居所，同时他还设计了一个很酷的厨房。鞋履设计师此前住在涩谷，每天前往板桥的工作室兼教室工作，他还在专业学校（横尾先生的 NYC 学校）讲授如何制作鞋子。他的工作需要他频繁地前往东京市中心。所以对他来说，在新川有一个地方兼顾工作室、展厅、教室、沙龙和居所，真的是太方便了。

从建筑的角度来说，这栋大楼也十分有趣。要进入位于 2 楼和 3 楼的 4 间房间，首先需要从大厦的入口进入，然后爬一段楼梯（大厦没有电梯），打开一扇普通的铁门，就能看见一段走廊。房间位于走廊两侧，走廊两侧的墙面由玻璃构成。所以其实是大厦里并排着一间间商店，设计师们就在里面工作、居住，这完全就是日本传统的长屋的形态。听说有当地人看过这栋大厦后感叹说："这就是长屋。"

在新川这片曾经满是长屋、商店、中小工厂的区域，可以说，明祥大厦唤醒了当地人对过往的回忆。不用留下以前老旧的木质长屋，一栋充满现代感的长屋，也可以成功延续新川这个街区的历史和风格。

（明祥大厦在新冠病毒感染疫情中也发生了许多变化，本文基于 2018 年 2 月的采访内容所编写。）

Soi 的井上女士和她的两个孩子于 2022 年 7 月搬去了福岛县福岛市居住。在福岛市，有一位业主对明祥大厦的模式非常感兴趣，他在福岛市当地有几栋楼和几块土地，准备分 4 年进行开发。其中的一个开发项目，他计划打造一片可以兼顾生活和工作的新建住宅群。业主邀请了 Soi 承担了住宅楼的设计工作。他们构想出了这个新建住宅项目的预告模型：Soi 对业主所持有的住宅楼附近的一栋公寓楼先进行翻新，让 Soi 的家庭成员住进这栋翻新的公寓，并对外公开他们的生活方式，同时由他们来管理公寓。这就如同打造了一个生活方式的样板间。类似这样的第四消费时代行为，经历过新冠病毒感染疫情后会更加立体性、持续性地发展。

案例八 东京都赤坂：TOKYO LITTLE HOUSE

把又旧又小的商店改装成民宿后，全世界的游客蜂拥而至

2017 年底，在东京赤坂喧闹的街道中突然诞生了一个全新的空间 "TOKYO LITTLE HOUSE"。这是一栋 "二战" 之后修建的木质私人餐饮店，业主对它进行了翻新重装，一楼被打造成咖啡画廊，而二楼则是每天仅限一组客人入住的长期住宿型酒店。

楼房的业主是从事编辑工作的深泽晃平先生与妻子杉浦贵美子女士。楼房是深泽先生的祖父在 "二战" 后建的，夫妇二人大约从 10 年前开始将二楼的空间用作事务所兼居所。二楼其实也可以租给餐饮店，但确实过于老旧了。像这样老旧的建筑很难在东京的中心地段留存下来，赤坂附近也仅仅残留了几栋而已。但夫妇二人开始思考它还有没有其他用途，最后得到的答案就是这栋 TOKYO LITTLE HOUSE。他们将二楼的房间改造成了酒店。在房子里透过木框的玻璃窗可以看到外面热闹的街道，让人感受到 "二战" 之后人们一直生活之地的历史感。所以夫妇二人想："希望那些把旅行视为生活的人可以把这里当作一个落脚点，体会到东京的过去与现在在这里交错，这真是种不可思议的感觉。"

在翻新重装时，夫妇二人尽可能保留了原来的物件，从而

打造出一个和未来的东京完全不同的空间来。他们本来想拆除土墙，但是开始着手拆除时却发现土墙别有风味。当竹编的骨架从土墙中显露出来时，他们开始意识到应该把这面土墙保留下来。

"TOKYO LITTLE HOUSE"这个名字取自美国绘本作家伯顿的代表作《小房子》(*The Little House*)。故事讲的是在美国一个乡村里有一栋小小的房子，但小房子周围不断被开发，建设了众多高耸入云的建筑。小房子附近一带从乡村变成了大城市的中心，人们步履匆忙，都顾不上看小房子一眼。某一天，一位女性偶然经过小房子，发现这栋小房子正是自己祖父出生的地方。于是她请来建筑工人将这栋小房子移到了乡村的小山坡上，小房子回到了宁静的地方。深泽夫妇二人发现这个故事和自己的祖父在战后的废墟上盖这个房子的事如出一辙。于是他们将这个房子命名为东京版的 "The Little House"。

酒店的客人多为外国游客，许多人平时都住在一晚 10 万日元（约 5 200 元人民币）的高档酒店里（见图 A-8）。听说一位国际超级巨星也曾尝试预约 TOKYO LITTLE HOUSE，但非常不巧的是那天已经预约满了。

图A-8　由老旧的木质商店改造而成的酒店十分受外国游客的欢迎

　　对于这些外国游客来说，这里是"令人惊讶的完美"。"比起那些人造的日本风情，这种稀松平常的家的感觉才更加真实。"

　　深泽先生的祖父在"二战"结束后很快就建了这栋楼。深泽夫妇二人也充分利用了这个特点，在画廊中展示着战后日本被美军占领时期的照片以及地图，摆放着许多描写当时状况的书籍。许多外国游客对广岛、长崎被原子弹轰炸一事有所知晓，但当他们看到这些照片后，才惊讶地发现原来东京当时也被烧成了一片焦土。

　　我在酒店的休息日前去采访。在采访期间，不断有外国游客以及年轻的日本女性前来询问"这里是什么地方""这里是咖啡店吗"。正是因为它位于东京这个大都会的正中心，这种低调的"商业街住宅"才具有独特的价值。

案例九　爱知县长久手市：悠然小院

打造让老年人觉得"活着真好"的生活

2003 年，在名古屋市郊外的长久手市，"悠然小院 ^①"开业了。悠然小院有一种让人感到非常怀念、慢悠悠的气氛。

"这里让人感到舒适，感觉很美好。"官网上写着这样一句话。乍一看，悠然小院好像是改造过的老旧民房，但其实是按旧式民房风格修建的新楼。三栋建筑稍成角度地连接在一起，在转角处让人感到一阵放松。

各栋建筑之间的空当是模仿长屋配置的，被称作"自如小巷"。

悠然小院宣传册上写道："凡事都恰如其分才是最好的。无论是谁，都会面临失败，也会遭遇不顺。有令人开心、愉快的事情，但让人烦心的事情也是必不可少的。这才是'生活'啊……各位，让我们相互宽容、相互支持，一起微笑着，自在地走下去吧。"

这里住着需要看护的老年人、职业女性以及普通家庭，但它本身并不是福利设施，而属于租赁住宅。需要看护的老年人都住在一楼，社会福利法人"太阳之森"的看护人员每天会上门提供看护服务。

---

① 悠然小院：日语为"ぼちぼち"，意为一种慢悠悠的状态。

入住者需要在签约时支付押金和礼金，入住后每月支付房租，这和普通的租赁住宅没有区别。住宅本身并不由社会福利法人承租，而是由单独设立的企业法人"GOJIKARA 村株式会社"整体承租，入住者的租金直接支付给 GOJIKARA 村株式会社。每月的膳食费用也支付给 GOJIKARA 村株式会社。看护、照料的费用则支付给社会福利法人太阳之森。

租金和照料费用的总金额与普通养老院的费用相当。所以，悠然小院的优势在于旧式民房风格的木质土墙建筑。除此之外，选择悠然小院也可能是因为，住在这里可以和除老人以外的职业女性、普通家庭共同生活；还可能是因为混搭居住孕育出的独有的氛围。

对于这些职业女性来说，悠然小院的优势和单身公寓、共享住宅类似，她们会有一种安全感。

职业女性的房间里安装了独立浴室和迷你厨房，但也有人每天早上去一楼的餐厅和老人们共同用餐。普通家庭入住的房间里没有浴室，他们和老人们共用浴室。老人一般都是白天泡澡，而且许多老人还会单独使用第三方的日间看护①提供的洗浴服务，所以老人使用的浴室时间与普通家庭完全错开。

住宅楼的玄关是老人与其他入住人群共用的。职业女性以及

---

① 日间看护：日本对老人提供的一种看护服务。老人平时住在自己的家中，需要护理时去附近的看护机构接受体操康复、用餐、洗浴等服务。

普通家庭的住户上二楼时，会先穿过一楼的老人房间。其实所谓的二楼只与一楼隔了一面墙，所以可以听到彼此的声音（但每个人的隐私会得到充分的保护）。此外，这里也允许工作人员带孩子来上班（太阳之森的所有设施都是这个规定）。在暑假时，工作人员的孩子们每天都会过来。有时，这些职业女性和普通家庭住户也会和老人们一起喝茶聊天。职业女性还会和工作人员一起为大家准备新年晚会。

因为大家共享生活的空间和时间，这样就促进了入住人员之间的交流。例如，有时老人会让职业女性帮忙打扫卫生。但是大家并没有明确规定谁负责扫地，谁要在星期几的几点来帮忙。只是在自己需要帮忙时，请别人帮个忙就行。不制定规则是悠然小院的特点之一，因为他们希望入住人员就像在自己家里一样，可以轻松自由地生活。

宣传手册里还这么写道："几点起床都可以，几点就寝都可以。这里不是养老院，早上不用做早操，也没有门禁时间。虽然居家护理计划是每日的必修课，但除此以外，一切都自由。有时也可能感到无聊，但安逸就好。无忧无虑地安心生活，这里刚刚好。出门、在外面过夜、有朋友来访，随时都可以，甚至家人、亲戚来小住也无妨。你经常会听到孩子发出的声音，这是生活在奏响音符。这里有刚刚好的热闹，也可能有适度的不便，所以我们需要大家相互帮助。职业女性会跟我们一起吃饭、聊天，而那些护理人员的微笑也真的让人感到舒心。这里住着各种各样的人，所以也会有让人烦恼的时候，但你会发现这里有家里体味不到的快乐。"

图 A-9　充满旧式民房风格的新住宅

有的老人夜晚会发出很大的声音，所以这里并不适合敏感的人居住。喜欢感受人的气息、愿意回应他人的求助的人才适合这里。当然，住在这里也会遇到各种问题，但是住在这里的人们认为重要的是享受生活，以及享受生活中的各种问题。

太阳之森的创建者是现任长久手市的市长吉田一平先生。他的施政方针就是要"打造日本福利最好的城市"。

在太阳之森的主页上登载着吉田先生的构想：

　　我们所居住的社会，是一个非常合理且便利的存在。但为了节约时间，我们往往急于求成，而忘记了孩提时代那颗"玩耍"的心。无论人，还是一只小虫子、一棵小草，从他诞生的那一瞬间开始，每一条生命、每一个人，他的存在本身就具有价值，一种让自然更具丰富个性的价值。在不断追求合理性的现代社会中，不见得每个人都能遇到可以充分发挥价值的机会。

　　在太阳之森，我们珍视地球上所有事物的存在、重视所有人的来访。我们希望帮助人们回归不那么匆忙的生活。在这样的生活中，我们希望和各位共同打造让老年人觉得"活着真好"的生活。在这里生活，伴随着自然界从容、温柔地让时间流逝，我们也许能怀念起过去不那么合理、不便利的时代，那时每个人在和他人、自然的链接与循环中相互帮助，散发着奇妙的魅力。或许，我们还会有新的发现。

　　……

　　为了减少感染，我们也不得不限制悠然小院的老年人与其他入住成员之间的交流。这意味着我们切断了通过共享生活空间而自然生长的人与人之间的链接，这真的让人感到非常遗憾。现在唯一保留下来的交流就是大家一起做大扫除。

对于那些老年人来说，与职业女性等其他入住者之间自然产生的链接，是他们与社会之间仅存的关系，这对老年人来说非常重要。

案例十　SHARE 金泽

残障者、老年人与年轻人相互支持的街区

在以共享为核心的第四消费时代中，SHARE 金泽可以说是一个标志性的存在。

SHARE 金泽于 2014 年 3 月在金泽市的郊区开业。这里除了有老年人护理住宅、残障儿童看护设施以外，也有普通的学生住宅、为美术大学的学生设计的带画室的住宅，等等。在商户方面，引入了设计工作室、美体店、餐饮店、可以进行现场演奏的酒吧、料理教室，以及零售店等。可以说，这就是一个完整的"街区"。残障者、老年人作为店员在零售店、餐饮店、干洗店里工作。而在主楼里，SHARE 金泽也努力为残障儿童创造工作的机会，例如，让他们帮忙制作零食点心的纸盒子。

普通学生以及美术大学的学生可以在这里享受到比别处更低廉的租金，但按规定，他们也需要每个月为老年人工作 30 小时。有一个美术大学的女学生，本来是干劲十足地住进来，想为老年人提供更多帮助，结果老年人却不断地给她送好吃的，她发现自己反倒成了被照顾的一方。

此外，在 SHARE 金泽附近的区域新建了许多住宅楼，住进来的孩子增多了，却难倒了孩子们就读的小学。于是，SHARE 金

泽决定把原本供残障儿童使用的室内足球场免费提供给这所小学使用。

"混搭才好"是 SHARE 金泽的理念，男女老少，包括健全人和残障者、住宅和商户，住在 SHARE 金泽里的人和住在外面的人，大家一起分享彼此的生活。SHARE 金泽不是纵向的分割人群，而是打造横向的链接，让人们可以共享时间与空间。这不是一个"设施"，而是一个"街区"（见图 A-10）。

图 A-10 SHARE 金泽

SHARE 金泽在设计上参考了美国建筑家克里斯托弗·亚历山大（Christopher Alexander）的著作《建筑模式语言》（*A Pattern Language*）。例如，可以从窗户外面看见室内工作的人；不能直接看见停车场；把高大的锥形树移植到核心区域；饲养动物（羊驼）；把设计工作室与美体店打通，营造出半隐私的空间感；让老年人与年轻人住在一起；等等。这些都是从《建筑模式语言》中学到的方法。

这里的电线都埋在地下，没有高层建筑，屋檐也很低。这样设计是因为向上纵向伸展的建筑会给老年人带来压迫感。外来人员使用的停车场则在用地的最外侧，内部只有运营方"佛子园"的车辆可以驶入。但整个区域对步行者完全开放，附近的居民可以随意进出。

另外，住宅楼之间还设置了弯曲的小路，早年种植的树木也被大量保留，人们可以一边散步一边感受自然。这些小路被刻意设计得很窄，想让残障者和健全人在擦肩而过时，注意到对方、接受对方，大家相互谦让，错身而过。随着今后老龄化程度不断加深，以及年轻人的生活越来越拮据，SHARE 金泽就是一个让残障者、老年人与年轻人相互支持的场所。